圖解大相撲

從幕前到幕後，探索體現文化精髓的日本國技

裏まで楽しむ!

大相撲 行司・呼出・床山のことまでよくわかる!

DUGHOUSE————編著　歐兆苓————譯

一看就懂相撲繪圖①

力士、行司、呼出、床山的入門到退休

相撲人士的一生

力士的成就全憑實力，行司、呼出、床山會根據經驗年資提升階級。

力士（P20）

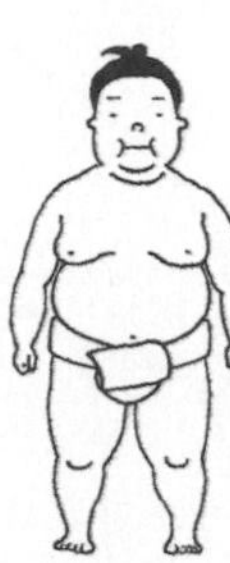

選擇部屋
- 介紹
- 參觀
- 被發掘
- 網路

⇐

入門

⇖

新弟子檢查（P50）

初土俵

前相撲（P20）

⇓

進入相撲教習所（P24）。

序之口

⇓

序二段

幕下以下的比賽和訓練均統一用黑色棉質腰帶。到序二段為止的入場服裝都是浴衣及赤腳穿下駄（木屐）。

大約的年齡（歲）	19～15	15~24 / 15~19	20

行司（P30）

呼出（P34）

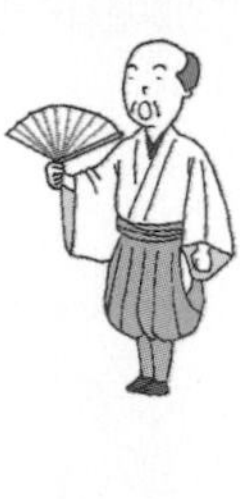

床山（P38）

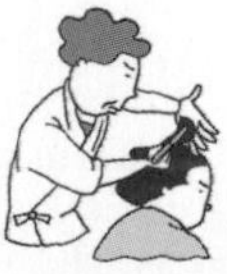

選擇部屋
- 介紹
- 參觀
- 網路

入門

⇓

行司會

呼出會

床山會

⇓

日本相撲協會

⇓

見習生

行司、呼出、床山即使擁有段位，從初土俵開始的三年內都須擔任見習生。

初土俵

序之口行司 ⇓ 序二段行司 ⇖ 三段目行司

序之口呼出 ⇙ 序二段呼出 ⇖ 三段目呼出

五等床山 ⇓ 四等床山 ⇖

退休

橫綱

當上位居力士頂點的橫綱之後，會在化妝腰帶上面綁上綱繩進行登土俵（P76）。

十兩（十枚目）

十兩即成為「關取」，晉升為獨當一面的力士。訓練用的棉質腰帶從黑色換成白色，比賽時圍的締込腰帶則是以博多織的繻子布製成。會圍著化妝腰帶進行登土俵儀式（P76）。獲准穿著羽織袴。

大關

三役（關脇・小結）

引退・斷髮式（P26）

被日本相撲協會重新雇用。

- 年寄（親方）
- 若者頭・世話人

每位力士引退的年齡和位階不盡相同。有人改當相撲解說員，有人開設相撲火鍋店，也有人選擇離開相撲協會。

＊年寄若以「參與」的身分被重新雇用，退休年齡則為70歲。

幕內

成為幕內後便能穿著印有自身四股名的和服。

幕下

可以使用博多帶，並獲准穿外套、圍巾和攜帶油紙傘。

三段目

可以穿著羽織和漆皮的雪馱。

65　20~40　50　40　30

退休

三役行司

為小結以上的比賽進行裁判。可穿草履，腰間掛著印籠。房為朱色。

十兩（十枚目）行司

十兩以上便取得資格，成為獨當一面的行司。十兩和幕內的腳上都穿著白色足袋；十兩的房為青白相間，幕內則是紅白相間。

幕內行司

幕下行司

行司和力士一樣，從序之口開始，憑經驗和成績晉級，裁判與自己同階級的比賽。序之口～幕下的服裝是將棉製的袴（日式褲裙）捲起，打赤腳，不可穿鞋襪。軍配上的房是黑色或青（綠）色。

※ 房：綁在軍配團扇扇柄處的裝飾繩結，末端有流蘇狀的垂墜。

立行司

行司的最高階級，須繼承「木村庄之助」或「式守伊之助」之名。兩者都會配戴印籠及短刀。庄之助的房為深紫色，伊之助為紫白相間。庄之助只會幫每天的最後一場比賽進行裁判。

幕下呼出

呼出和行司一樣會隨著經驗和成績提升階級。幕下以下的呼出除了在土俵上唱名，還須處理土俵周圍的各種工作，如準備力水、鹽和懸賞旗等。

十兩（十枚目）呼出

十兩以上便取得資格，成為獨當一面。

幕內呼出

三役呼出

立呼出

呼出的最高階級，只為每天的最後一場比賽唱名。有時會在其下設置副立呼出。

三等床山

按年齡晉級，二等以上即取得正式資格。

二等床山

一等床山

特等床山

最高階級為特等床山。床山的服裝和工作內容不受階級影響，須憑實力爭取梳大銀杏（P57）的機會。

本場所、巡業、例行活動、特殊慶典……

相撲曆
～年度行程表～

除了一年六次的本場所之外，還有巡業、花相撲和奉納登土俵儀式等等，一整年都有豐富的相撲活動！

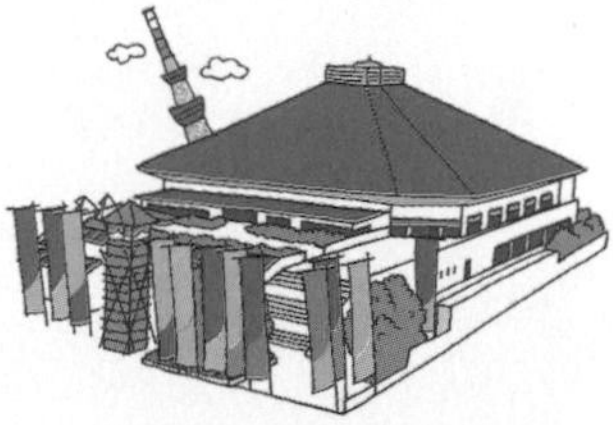

五月場所
在東京的國技館舉行。又名「夏場所」。

三月場所
在大阪的大阪府立體育會館舉行。又名「春場所」、「大阪場所」。

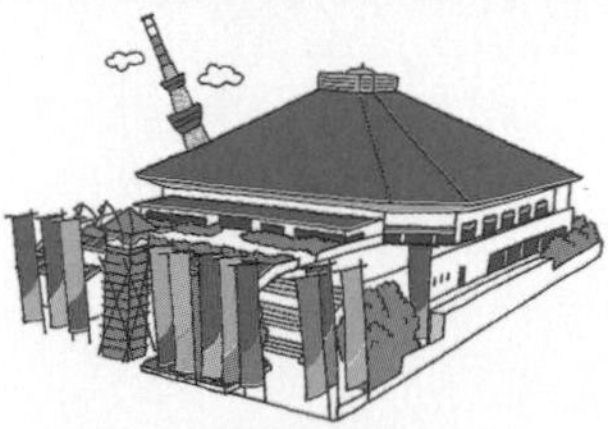

一月場所
在東京的國技館舉行。又名「初場所」。

5月　4月　3月　2月　1月

5月

稽古總見（P52）
在本場所開始前，確認力士訓練成果的活動。只有五月場所前的稽古總見會開放免費參觀（非常態）。

兩國熱鬧祭典
（P58）

在兩國一帶與街坊共襄盛舉的活動。力士的相撲火鍋攤大受好評，有時也會舉辦進入國技館參觀休息室等處的後台導覽。

4月

春巡業
（P118～126）

當大阪的三月場所結束後，便直接展開巡迴近畿、東海和關東的春巡業。

伊勢神宮奉納相撲（P47）
例行的奉納相撲是春巡業的一環。著名的景象為橫綱及三役力士排成一排走過宇治橋。

靖國神社奉納相撲（P47）
例行的奉納相撲是春巡業的一環。入場免費，還能夠圍上關取的化妝腰帶參拜。

3月

新弟子檢查
（P50）

每次本場所前都會進行檢查，不過因三月場所的賽前與畢業季重疊，新弟子的人數特別多，成為這個時期的特殊景象。

2月

白鵬盃
由第69代橫綱——白鵬擔任實行委員名譽會長的國際親善交流少年相撲大會。場地為國技館，許多現役力士也會到場。可以免費參觀。

NHK福祉大相撲（P47）
除了比賽之外，演歌或偶像歌手與力士同台演唱的單元也很受歡迎。

日本大相撲淘汰賽（P47）
除了淘汰制賽事以外，還有廣受好評的初切（P123）、兒童相撲以及OB戰（P47）。

撒豆子（P58）
身強體壯又力大無窮的力士，其充滿福氣的體態被視為避邪的象徵，常受邀參加節分的撒豆活動。

1月

明治神宮登土俵
奉納登土俵（P48）是本場所開始前的例行儀式，時間在一月場所前，為新的一年拉開序幕。

十一月場所

在福岡的福岡國際中心舉行。又名「九州場所」。

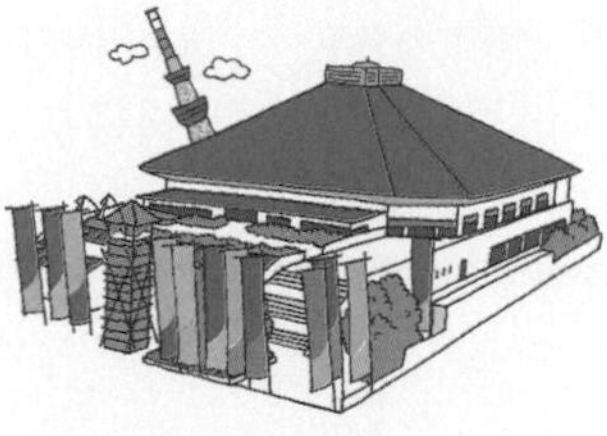

九月場所

在東京的國技館舉行。又名「秋場所」。

七月場所

在名古屋的愛知縣體育館舉行。又名「名古屋場所」。

12月　11月　10月　9月　8月　7月　6月

冬巡業

（P118～126）

結束福岡的十一月場所之後，便直接前往九州～沖繩展開巡業。

搗年糕活動

（P59）

搗年糕活動經常邀請力士參加。由於多為部屋所在地的地方性活動，須透過各部屋的官方網站取得相關資訊。

秋巡業

（P118～126）

秋巡業走訪東海、近畿以及中國地方一帶。在出雲舉辦巡業的時候，有時也會在出雲大社進行奉納登土俵。

夏巡業

（P118～126）

夏天會前往涼爽的東北及北海道展開巡業。

健康檢查（P51）

一年兩次，分別在二月和八月，於國技館地下室的相撲診所及入口大廳進行健康檢查。力士因抽血而露出痛苦表情的樣子每次都成為大眾討論的話題。

幕後人員的訓練（P53）

沒有巡業的二月和六月是幕後人員磨練技術的月份。行司練習相撲字，呼出練習太鼓和唱名，床山則是勤於練習綁大銀杏。

力士的婚禮

（P147）

因為沒有本場所也沒有巡業，力士的婚禮經常辦在相撲關係人士比較容易聚集的六月，結婚對象正好成為「六月新娘」。

本場所的完美時程表①

本場所月曆

本場所的賽事從門票的發售日開始倒數計時，
待番付公布後更是期待不已！

1個月前

預售票開賣（P 62）

日本相撲協會的官方網站「Ticket 大相撲」大約2個月前就會搶先開賣預售票。若想盡快取得門票，就必須從2個月前開始準備！

2週前

相撲列車（地方場所時）

幕下以下的力士、行司、呼出、床山會搭乘稱為「相撲列車」的新幹線團體行動，通常是包下新幹線 HIKARI 號，到名古屋、大阪和福岡也都是坐新幹線。不論體型多龐大，每個人都是坐一個座位。

13天前

番付公布（P 106）

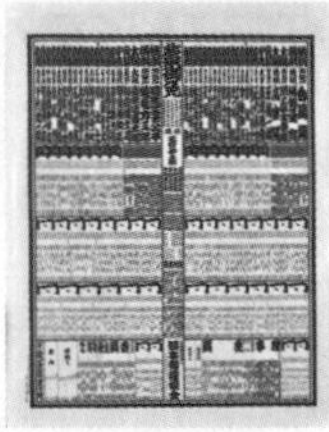

番付編成會議在前一個場所結束後就已決定好番付，但要等到這個時間點才會公布。不過新晉升或降級後再次晉升的十兩、新大關和新橫綱因為有很多事要準備，公布的時間會比較早。

※番付：相撲力士的等級與排序。

12天前

力士會

十兩以上的力士才能加入的組織，在每個場所及番付公布的隔天集會。會中介紹新進的十兩、向引退的力士致贈紀念品並討論對相撲協會的要求等等，過去還曾主辦過力士運動會。

5天前

土俵築（P 112）

動員所有呼出一起搭建土俵的工作稱為「土俵築」。需耗時三日，所有工作都是徒手進行，連上面的「俵」（草袋）也都是呼出做的！

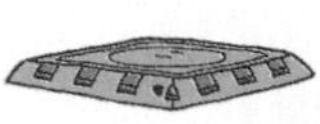

2天前

取組編成會議（P 78）

首日及第二天的比賽由取組編成會議在兩天前決定。幕內第三天之後的比賽會在前一天的上午定案，千秋樂則是在第十四天的中場休息，也就是上半場結束之後決定。

※取組：即相撲比賽。取組編成會議是為了訂定賽程而召開的會議。

前1天

土俵祭（P110）與觸太鼓（P114）

為祈土俵上的賽事平安順利，將神明迎至土俵的祭神儀式。由立行司擔任祭主朗誦祝詞，接著將稱為「鎮物」的供品埋進土俵中央。儀式一般免費開放參觀。土俵祭的最後，呼出會演奏觸太鼓，繞行土俵三圈後走上街頭，一邊走一邊向相撲部屋以及贊助者們公告明天就是相撲賽事的首日。

首日（奇數月的第二個星期日） ← 千秋樂（第十五天）

頒獎典禮（P98）

除了獎盃之外，還會頒發大約18個獎項，這是電視轉播上看不到的。

送神儀式（P111）

將土俵祭迎來的神明送還天上的儀式。

冠軍遊行（P99）

搭乘敞篷車遊行，由同部屋或同一門的關取擔任旗手。

千秋樂派對（P115）

有許多讓力士們盡情搞笑的餘興節目。有的部屋也會開放讓後援會以外的人士參加。

3天後

番付編成會議（P106）

根據該場所的成績將番付重新編排的番付編成會議，為場所活動畫下句點。順帶一提，行司、呼出和床山的番付編排會在每年九月場所後的理事會上決定。

本場所的完美時程表②

國技館一日時間表

讓我們配合土俵上的流程，瀏覽土俵周圍、館內以及後台的工作吧！

＊各流程的時間僅供參考，千秋樂會提早 30 分鐘。以下館內資訊以國技館為例。

土俵上

該日首場比賽在行司的一聲「東西」下展開。

＊〈〉內的流程並非每天都有，詳情請參見標示頁數。

〈前相撲〉（P20）⇒ 序之口比賽 ⇒ 序二段比賽 ⇒ 三段目比賽 ⇒ 〈新序出世披露〉（P21、72）⇒ 幕下比賽

土俵周圍

比賽開始之前，呼出會整理土俵或是在花道後方製作手持（P36）。

行司會在西花道旁的場內播報席上宣布當日比賽開始。

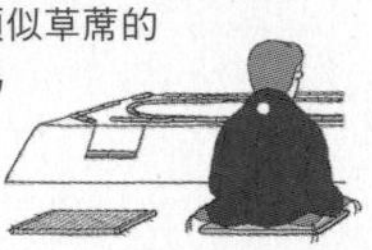

留意土俵旁準備的力士的座位。幕內以上用印有四股名的場所坐墊，幕下以下是類似草蓆的墊子，十兩為協會坐墊。

8:00　8:20　11:00　13:00

力士休息室

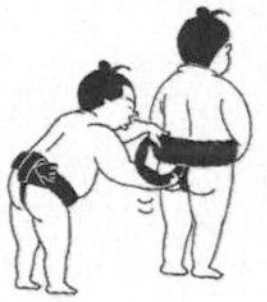

幕下以下的力士因為沒有付人（P22），必須協助彼此圍上腰帶，只要 5 分鐘便能整裝完畢。

休息室裡設有訓練鐵砲（P128）的柱子，力士不分幕下或幕內，均可用以暖身。

十兩力士於 12 點左右陸續進入休息室，床山也會配合時間做準備。從部屋頂著髮髻過來的力士會在這裡讓床山梳成大銀杏。

觀眾服務區

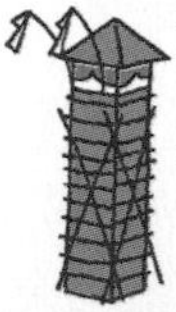

呼出用以宣告 8 點開場的寄太鼓（P36）從櫓（高台）上傳出，響徹雲霄。

商店 10 點開門。力士便當常常被搶購一空，建議提早購買。也可以參考國技館有名的咖啡廳餐點，有時喜歡甜食的力士也會親自光臨。

11 點開張的有「ひよの山」周邊商品店、販賣番付和書籍的商店與餐廳。

12 點之後地下室的大廳會提供相撲部屋特製的相撲火鍋。雖然總是大排長龍，前進速度卻意外地順暢（供餐至下午 4 點）。

後台

幕後人員在休息室以外的土俵後台四處勞碌奔走。

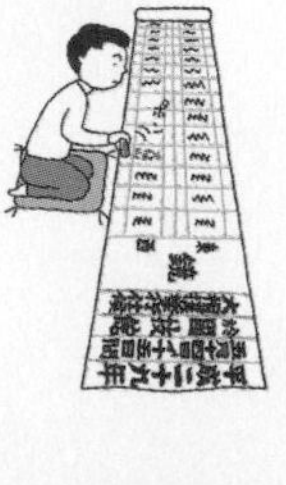

當比賽進行一段時間後，行司會在割場（P33）將比賽結果隨時記錄在卷（P79）上。

上午在審判室裡會進行取組編成會議，從隔天的幕內賽程開始商議並做出決定。

擔任書記的行司會將取組編成會議排定的賽程帶回割場，檢查是否有重複排賽或錯誤。

⇐ 十兩登土俵（P76）

十兩比賽

〈協會致詞〉（P72）

⇐ 幕內登土俵（P76）

橫綱登土俵（P76）

〈顏觸言上〉（P78）

⇐ 中場休息

幕內比賽

〈三役齊踏〉（P73）

弓取式（P97）

〈頒獎典禮〉（P98）

〈送神儀式〉（P111）

十兩以上會準備力水和鹽，東西各有一位呼出在給水區待命。

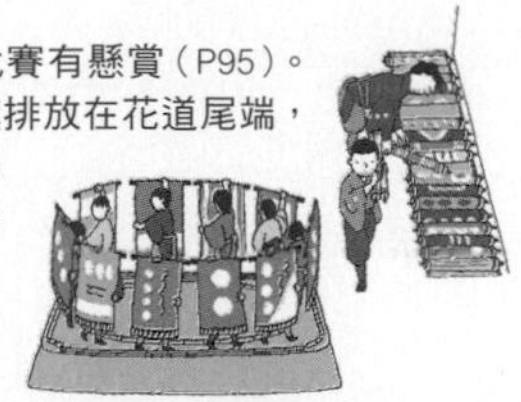

幕內以上的比賽有懸賞（P95）。捲起的懸賞旗排放在花道尾端，呼出會挑出每場比賽用的旗子準備，一人拿一面旗繞行土俵。

所有節目結束稱為「散場」（打ち出し），這時呼出會敲擊柝（P36），稱為「上柝」（あがり柝）。

14:00

15:40

18:00頃

在東西休息室裡設有廁所及浴室，為力士量身打造的馬桶大且堅固。賽後會洗好澡再離開。

為橫綱繫上綱繩需要 5～6 位付人（P22）同心協力。

力士休息室的隔壁為記者採訪室，表現優異或是成績領先的力士會在這裡接受採訪。

由親方親自販售的日本相撲協會官方周邊商店自下午 1 點開始營業。

從十兩賽前直到比賽結束為止的這段時間，可在門口等待力士進出。其實力士在賽後不會在會場久待，千萬別就此錯過自己心儀的力士！

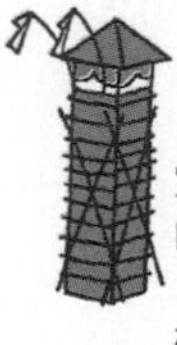

宣告散場的跳太鼓（P36）在櫓上演出。

確認無誤後將賽程送至印刷所，同時書寫顏觸言上（P78）要用到的「顏觸」。

另一方面，在審判室的影像室裡，從序之口的比賽開始，擔任影像裁判的親方和負責判定決手（P90）的親方會輪流確認螢幕畫面。影像室、土俵旁的審判部長以及場內播報席會以內線電話聯繫。

經過行司的多次確認之後，館內的印刷室會印出隔天的賽程表。

本場所的完美時程表③

比賽開始到結束

讓我們依序認識從力士登上土俵開始，到分出勝負、走下土俵為止的一連串流程吧！

①

依照奇數日從東邊、偶數日從西邊開始的慣例，呼出會以四股名唱名。固定有 2 位力士在土俵下方做準備，再下一場的力士則在花道後方等待。

②

2 位力士登上土俵行禮，這時只要四目相接、行注目禮即可。

③

走到從懸吊屋頂垂掛的房（P112）之下，面向花道拍手、踏四股。

⑩

約莫這個時間點，剛才送來場所坐墊的力士會進到場內準備。通過裁判親方面前時，會比出手刀以示禮貌。

⑪

負責計時的裁判舉手告知時間限制已到（P80），呼出看到後會站起身，行司則將軍配歸位。

⑫

力士走到房之下，以毛巾擦拭身體，這麼做是為了避免比賽時因為身體濕滑而無法對戰。沒流汗的話也可以不擦。

⑬

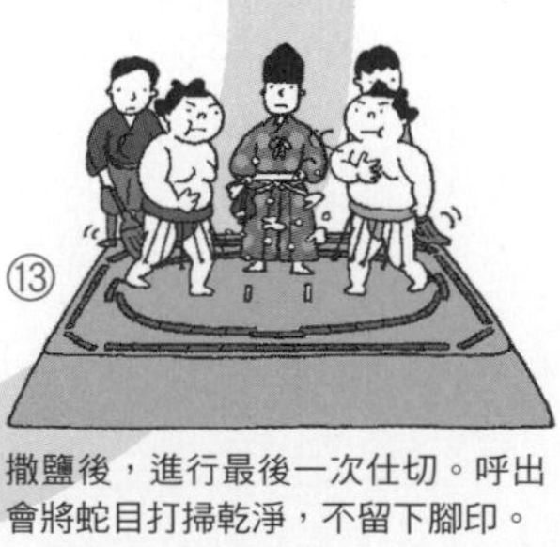

撒鹽後，進行最後一次仕切。呼出會將蛇目打掃乾淨，不留下腳印。

⑭

行司宣布「時間到，逾時不候」，並將軍配翻面豎起，調整兩位力士的呼吸使其一致。立合（P80）之後，行司會在力士兩方移動時喊出「穩住、穩住」，僵持不動時則喊「動起來」。

⑮

分出勝負後，行司會將軍配舉向勝利的一方。

④

以力水淨身。於前場比賽獲勝的那方由勝出的力士遞上柄杓與化妝紙，輸的那方則是由下一場上陣的力士協助。

⑤

撒鹽。鹽具有淨化土俵之意。

⑥

在仕切線做出塵手水（P82）。約莫這個時候，場內廣播會宣布力士的四股名、番付、出身和部屋名稱。

⑦

有懸賞的話，大約在力士做塵手水的時候，呼出會拿著旗子繞行土俵，同時場內廣播會宣布提供懸賞的單位名稱。

⑧

力士再次撒鹽。這時下一場力士的付人會送來場所坐墊，呼出接下坐墊和毛巾之後，會將其與場上力士的坐墊交換。

⑨

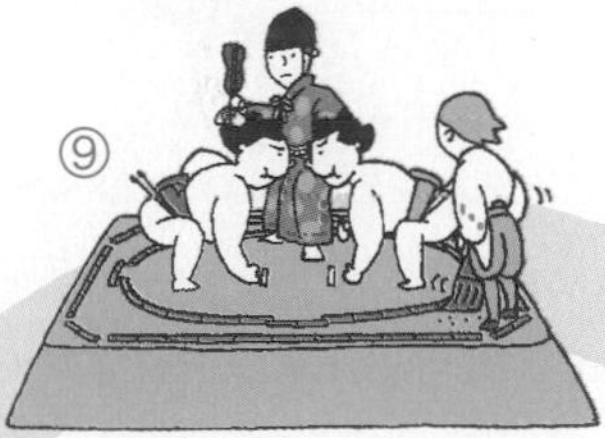

行司將軍配拉至身後，開始進行仕切（P81）。呼出則用掃帚整理蛇目（P112）。

⑯

雙方在土俵上行禮，輸的那方會走下土俵返回休息室。

⑰

勝出的力士會以蹲踞的姿勢等待行司宣告他的勝利。

⑱

若有懸賞金（P95），行司會將懸賞金置於軍配上遞出，力士則比出手刀接過。這個動作是向造化的三神表示感謝。為了遞力水給下一位力士，勝出的力士會留在土俵下方。

從先遣小組出發到撤隊全面掌握

地方巡業行程表

巡業不是一天造成的……在為期一天的巡業背後，先遣小組會提早十天抵達當地，預先準備妥當。

土俵築（P112）

由於巡業每天都會更換場地，使用的土俵是以現成框架製成的簡易版本。不過工法及工具都和本場所的土俵相同，由先遣小組的呼出加上當地志工搭建而成。

先遣小組抵達

負責該地的1位親方和呼出、行司各2～3人會早一步抵達當地。

割場（P33）

巡業會場裡充滿了手寫的告示。除了「力士休息室」、「洗手間」和「禁止進入」等張貼在會場的告示，各個會場的板番付（P106）也出自行司之手，大小約為本場所的六分之一。

與當地交流

親方會向主辦的自治團體等致意，並出席歡迎會或交流會。同時還要忙著準備迎接主力部隊，如安排力士們的伙食以及分配下榻的飯店。

主力部隊抵達

所有力士會在國技館集合，搭乘巴士來到當地。由於一輛車可容納的力士人數有限，須分成好幾輛車，動員的車輛數相當驚人。

當地力士的宣傳活動

有時當地出生的力士也會提早抵達，為巡業進行宣傳。宣傳方式多為擔任地方警察署的一日署長。

上午 8 點左右 開場

握手會

巡業的熱門節目是關取的握手會。以 15 分鐘為單位，由數位力士輪番上陣，出場順序不公開，要是能遇到自己支持的力士就太幸運了！

訓練

可以近距離觀賞從幕下以下到橫綱的正式訓練。項目包含與多位力士進行淘汰賽的「申合稽古」（P128）。

兒童訓練

年輕力士會幫忙孩子們圍上腰帶，讓他們向力士進行挑戰。力士或將他們輕鬆舉起，又或故意輸給他們，藉以炒熱場內氣氛。 ＊非常態舉辦。

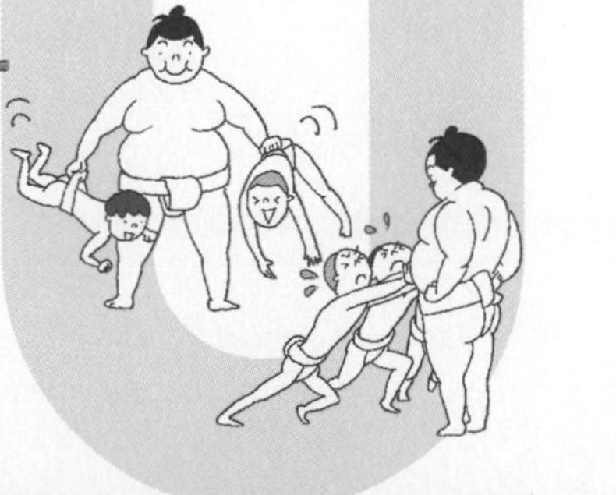

餘興節目

相撲甚句（P122）

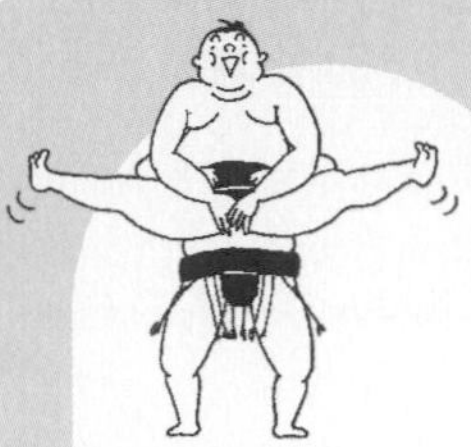

初切（P123）

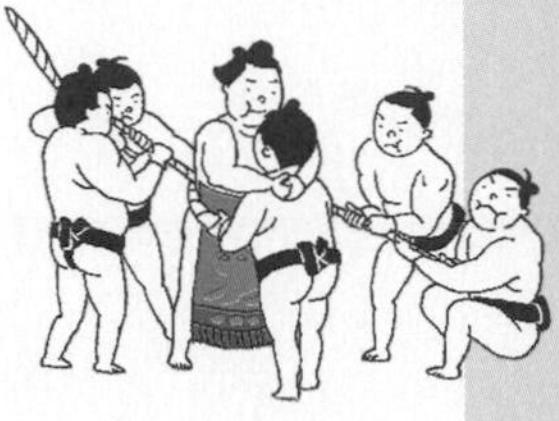

示範繫綱繩（P124）

示範綁大銀杏（P124）

主辦方可自由選擇節目。每次巡業的節目內容都不一樣，但大多包含相撲甚句和初切。

登土俵

在十兩力士的登土俵和比賽之後，幕內及橫綱也會比照本場所進行登土俵，唯一不同之處在於力士們有時會抱著嬰兒登場。據說被力士抱過的孩子會健康長大。

比賽

巡業會場的規模比國技館小，因此連身體互相碰撞的聲音都能真實地傳達給觀眾，充滿魄力！比賽前後還能看到力士們在場內移動的模樣。

前往下一個巡業地點

主力部隊先出發前往下一個巡業地點，先遣小組的親方則留下來收拾善後。而在下一個地點已經有其他先遣小組著手進行準備。

一窺力士的日常生活

相撲部屋的一天

沒有本場所和巡業時，力士便在相撲部屋裡生活。來看看他們一天的標準行程吧！

訓練結束

訓練在10點過後結束。向訓練場的神壇行禮之後，從番付高階的力士開始輪流洗澡，沖掉身上的汗水及砂土。洗完澡後要打掃土俵並準備相撲餐。
自部屋獨立的床山會在這時來到部屋，幫洗完澡的力士綁髮髻。

起床

從番付低階的力士開始，住在部屋的行司、呼出和床山也會一同起床。力士們刷牙洗臉之後便繫上腰帶前往訓練場，新弟子則到教習所報到。關取會在7點～7點半左右起床。實力越強就能睡得越晚。

11~PM 13　　10~11　　6　　5~6 AM　(時)

相撲餐（午餐）

終於來到期待已久的用餐時間！力士一天只吃中午和晚上的兩餐（不含點心）。所謂的「ちゃんこ」（Chanko）是力士烹煮及食用的食物總稱，而非專指相撲火鍋（P134）。
用餐也是按照番付排序，幕後人員亦同。從親方、關取和客人開始動筷，這時年輕力士會站在後方伺候。從早就空腹進行高強度訓練的年輕人早已飢腸轆轆，想要早點用餐就必須變強、提升自己的番付！

訓練

幕下以下的年輕力士從暖身開始，動作確實地練習四股、滑步、劈腿等基礎運動。關取進入訓練場的時間大約是8點，9點左右站上土俵，不斷重複比照實戰的訓練（P128）。幕後人員則負責為親方奉茶等。每個部屋開始訓練的時間不同，力士人數多的部屋因為訓練時間較長，一般會提早開始，力士少的部屋則會延後。

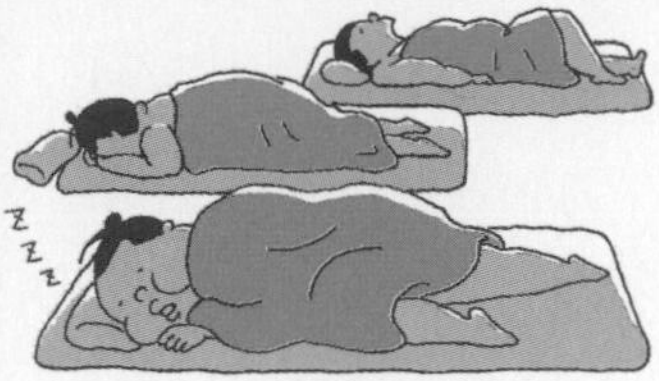

就寢

睡覺是為隔天的訓練做準備。在幕下以下的力士所居住的大房間，有時會被其他人的鼾聲吵得無法入眠，而成為關取之後就能擁有個人房。因此想要一個人好好睡覺，除了變強以外別無他法。

相撲餐（晚餐）

今天的第二餐。有的部屋晚上不煮火鍋，雖然菜色看起來和一般家庭的餐桌無二致，分量卻多得驚人。

有的部屋會安排可以自由外出吃晚餐的日子，這時力士們會選擇在 CP 值高的家庭餐廳或迴轉壽司飽餐一頓。

自由時間．午睡

收拾碗筷之後便是午休時間。從早開始空腹進行訓練，午餐吃飽後馬上睡覺，這就是養成力士這般龐大身軀的秘訣。這時幕後人員會處理部屋的雜務。

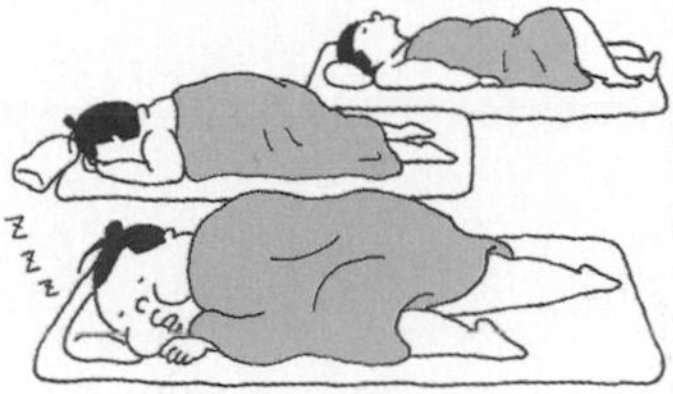

22　　19~　　18~　　16~18　　13~16

自由時間

到就寢之前都是自由時間。不論是到健身房鍛鍊身體或是外出，每個人都可以自由運用。

打掃．準備相撲餐

午休結束後，年輕力士和住在部屋的幕後人員便會著手進行部屋裡的工作，如打掃玄關、訓練場和準備晚上的相撲餐等等。關取到晚餐之前都是自由時間。

＊每個部屋的情況不同，以上時間僅供參考。

圖解大相撲　目次

第3章 初學者和相撲迷都看過來！本場所觀賽指南 61

參考資料

《相撲大事典（第四版）》

（金指基著，公益財團法人日本相撲協會監修；現代書館）

日本相撲協會官方網站（http://www.sumo.or.jp/）

《ハッキヨイ！せきトリくん　わくわく大相撲ガイド　寄り切り編》

（公益財團法人日本相撲協會監修；河出書房新社）

《ハッキヨイ！せきトリくん　わくわく大相撲ガイド　押し出し編》

（公益財團法人日本相撲協會監修；河出書房新社）

《相撲観戦入門２０１７》（BASEBALL MAGAZINE 社）

《呼出秀男の相撲ばなし》（山本秀男著；現代書館）

取材協力

公益財團法人日本相撲協會／國際館 Service 株式會社

（以下省略敬稱，以五十音排序）

克之／甲山 剛／木村吉二郎／啟輔／志朗／床門／

中村史彥（相撲博物館）

＊本書所載資訊係以 2017 年 7 月為基礎，並於 2019 年 5 月進行部分更新而成。

第1章

構築相撲世界的人們

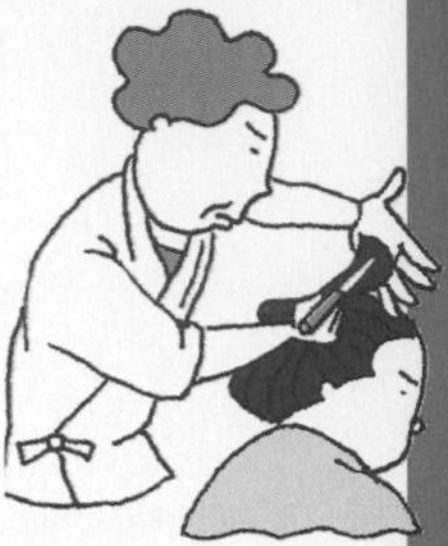

除了力士、親方、行司、呼出、床山這些隸屬於日本相撲協會的相撲人士以外，以後援會等形式給予支持的人，也是相撲世界不可或缺的存在。首先，就來認識每個角色的基本檔案吧！

力士

相撲的主角非力士莫屬。從序之口到橫綱，他們被細分成好幾種位階，凡事全看「番付」，是一個實力至上的世界。十兩以上的力士才算是獨當一面的「關取」。

首先到相撲部屋拜師入門，通過新弟子檢查方能參加前相撲

力士必須隸屬於相撲部屋。入門後基本上不能跳槽至其他部屋，因此一開始的選擇顯得格外重要。選部屋一般是透過介紹，可能是家人、朋友，也有些是透過附近相撲火鍋店的店長（前力士）介紹入門。如果是有相撲經驗的人，常是在相撲教室或學校的相撲社被發掘。除此之外，也可以到自己有興趣的部屋參觀，和力士一起享用相撲餐或是在部屋過夜，體驗相撲部屋的生活。而時下流行的入門方法是透過網路，據說也有人是在部屋的官方網站上蒐羅資訊後才入門的。

一旦確定入門，必須接受電視新聞上常見的新弟子檢查（P50），通過後接著參加前相撲。從本場所的第三天開始（三月場所是從第二天），新入門的力士會在比賽開始之前切磋相撲。在新弟子人數較多的三月場所，於第五天之前取得三勝的力士即

腰帶各部位的名稱

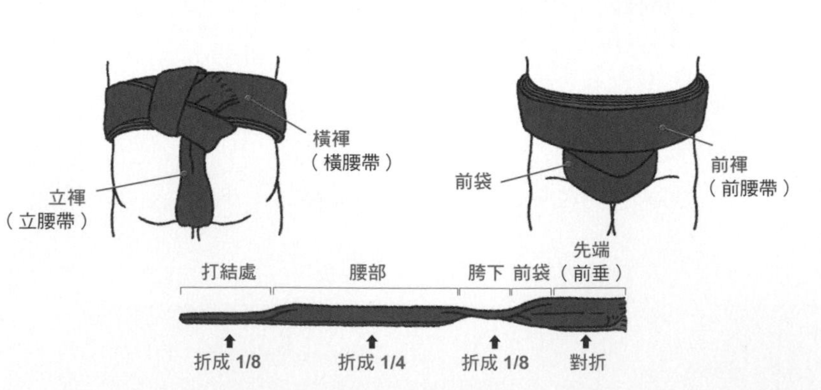

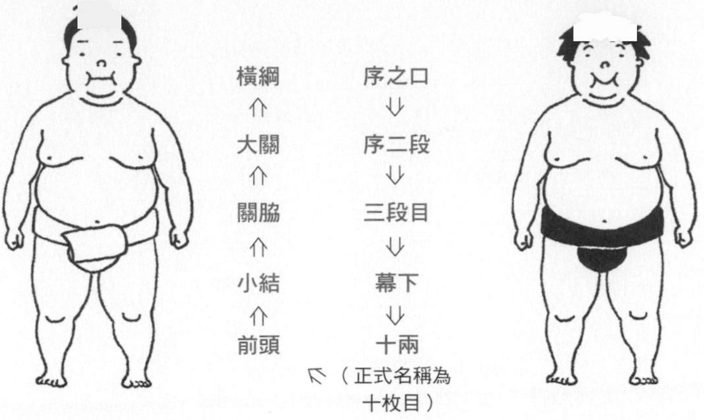

力士的番付
從序之口開始，橫綱為最高階。番付會根據本場所的成績變動，十兩以上稱為關取，被認可為獨當一面的力士。

成為「一番出世」，可以參加新序出世披露（P72）；在第六～九天取得三勝者為「二番出世」；而其他只要不是場所期間均未出賽，都算是「三番出世」（另外五個場所會在第八天舉行新序出世披露）。只要參加新序出世披露，自己的四股名便會被寫在下次場所的番付表上，番付為序之口。

最近開始導入一種名為「付出」的制度——在學生相撲等業餘相撲賽事取得一定實績者，不用參加前相撲，而是以「幕下付出」或「三段目付出」的身分參賽，根據成績決定下個場所的番付。

十兩以上才成為「關取」

番付（P106）從序之口到橫綱分為十級，要到十兩以上才會被認可為一名獨當一面的力士，稱作「關取」。幕下以下正確來說只能算是力士見習生，不被正式視為力士，兩者存在諸多差異（請參考P2～3及P22）。

腰帶的繫法

1 用下巴夾住先端（前垂），將腰帶由前往後穿過胯下，需請協助者幫忙拉住另一端。

2 讓立腰帶貼著臀部，一邊用左手按在腰的位置一邊向右轉身，讓腰帶纏上腰部。

3 連續轉兩圈，左手抓著立腰帶，同時用右手使力拉住橫腰帶將其束緊。

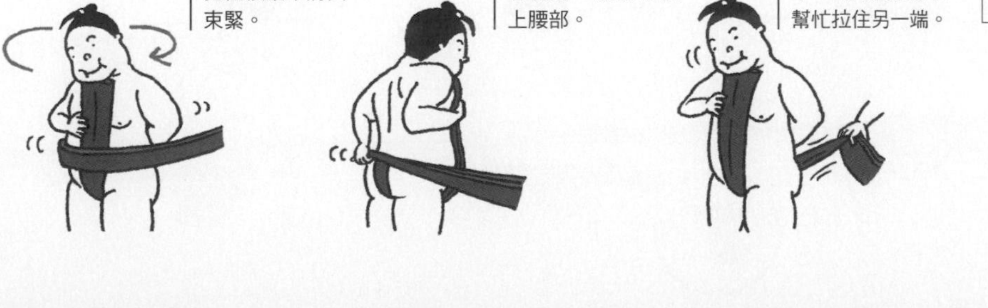

關取（十兩以上）和幕下以下的差別

番付	幕下以下	十兩、幕內（關取）
訓練用腰帶	黑色	白色
比賽用腰帶	棉質腰帶搭配相同材質的垂繩	絲質的締込腰帶搭配相同材質的垂繩
化妝腰帶	無	有
髮型	髮髻	大銀杏
進入會場的服裝	序之口和序二段著浴衣（冬天為單衣）；三段目可穿羽織；幕下可使用博多帶、外套、圍巾和油紙傘	可穿著羽織袴，成為幕內就能穿上印有四股名的和服
進入會場的鞋子	序之口和序二段赤腳著下駄；三段目可穿漆皮雪駄	雪駄加黑色足袋
薪水	各個場所的津貼和獎勵金	採月薪制，有獎金制度
時間限制（P80）	2分鐘	十兩3分鐘；幕內4分鐘
鹽和力水	無＊	有
懸賞金	無	幕內以上才有
付人	無	十兩2～3人；幕內3～4人；橫綱8～10人
場所坐墊	無	幕內可使用印有四股名的坐墊
明荷（P23）	無	有（橫綱持有3個左右）
交通方式	相撲列車	可以個別行動
住宿	無特別規定，不過房間等級會依番付調整	
印有四股名的浴衣	不可訂製	幕內以上可訂製

＊視比賽進行的情況，若時間充裕的話也會撒鹽。

依不同番付，待遇也大不同

十兩以上的力士才能梳大銀杏，或是圍著化妝腰帶進行登土俵儀式。而薪水改為月薪制（P131）也是個很大的區別，幕下以下的力士只有在各個場所發放的津貼和獎勵金（P131）。幕下以下的力士基本上都住在部屋，在大房間裡與其他力士同吃同住，當上關取則可獲得個人房。此外，幕下以下的力士禁止單獨接受採訪，除非是家鄉的地方電視台或報社，其他不論是多受歡迎的力士都不能打破規矩。

成為關取之後，身邊會安排「付人」（付け人），通常是同部屋的力士，人數不足時則由同門其他部屋的力士擔任。從洗衣、洗澡等貼身事務開始，在力士進場時隨行、協助穿卸腰帶等都是付人的工作內容。觀看電視轉播時，可以看見穿著浴衣、和關取一起待在花道後方的力士，這些就是付人。此外，幫忙拿關取坐在土俵旁邊所使用的坐墊，也是他們的工作。

4　放下前垂，用腰帶壓在上面再繞一圈。

5　將前垂朝上對折，往右上方折起，做出一個三角形。

6　5之後再接著繞一圈，拍打腰帶將其束緊。

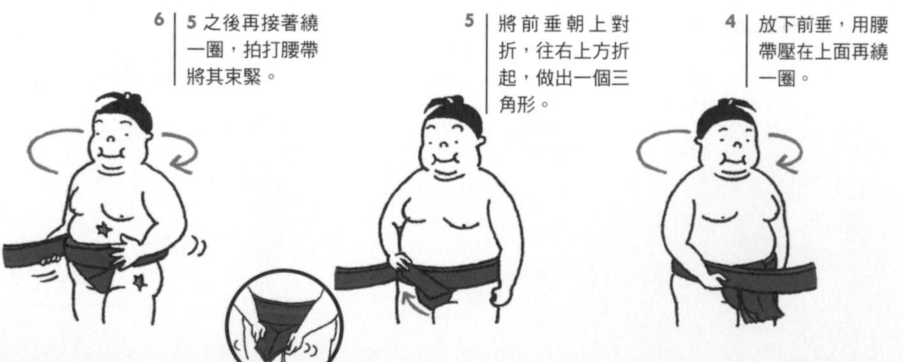

明荷的內容物範例

明荷
塗漆加固的竹製葛籠。側邊前後寫有四股名，兩旁則寫著致贈者的名字。

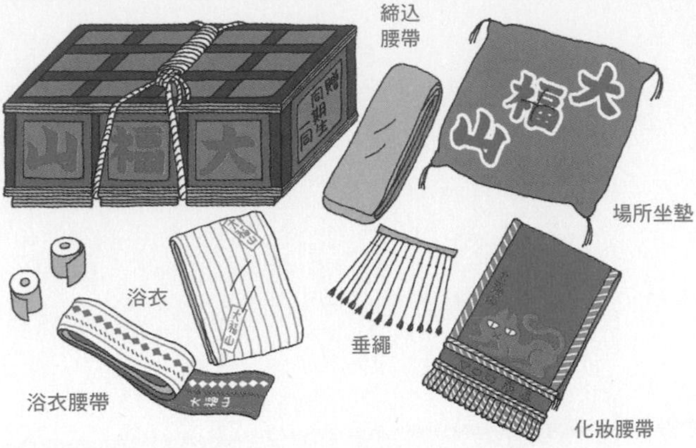

關取還特別獲准攜帶的一樣名為「明荷」（明け荷）的東西，它就像是力士的旅行包，大部分是在晉升十兩的時候，由同期力士或後援會饋贈的。當上橫綱之後行李更多，為了收納登土俵用的三人份化妝腰帶以及綱繩等等，明荷會增加至三個左右。

另外，幕下以下的力士須共同搭乘名為「相撲列車」的新幹線前往地方場所，關取則可個別行動。附帶一提，在相撲列車上，無論體型多巨大，每位力士都只有一個座位，三人座的位子就必須擠進三位力士，非常嚴格！

即使克服這些辛勞，從幕下以下爬上十兩，只要番付跌回幕下以下，月薪就會直接被取消，也必須重回大房間的生活。大相撲的世界在這些層面上相當嚴苛。

目前獲得關取之名的力士大約有70位，約總人數650人的一成（二〇一六年十一月場所的資料）。而番付是會變動的，在這個輸贏決定一切的殘酷世界裡，力士每天都為了爬到更高的位置而勤奮鍛鍊。

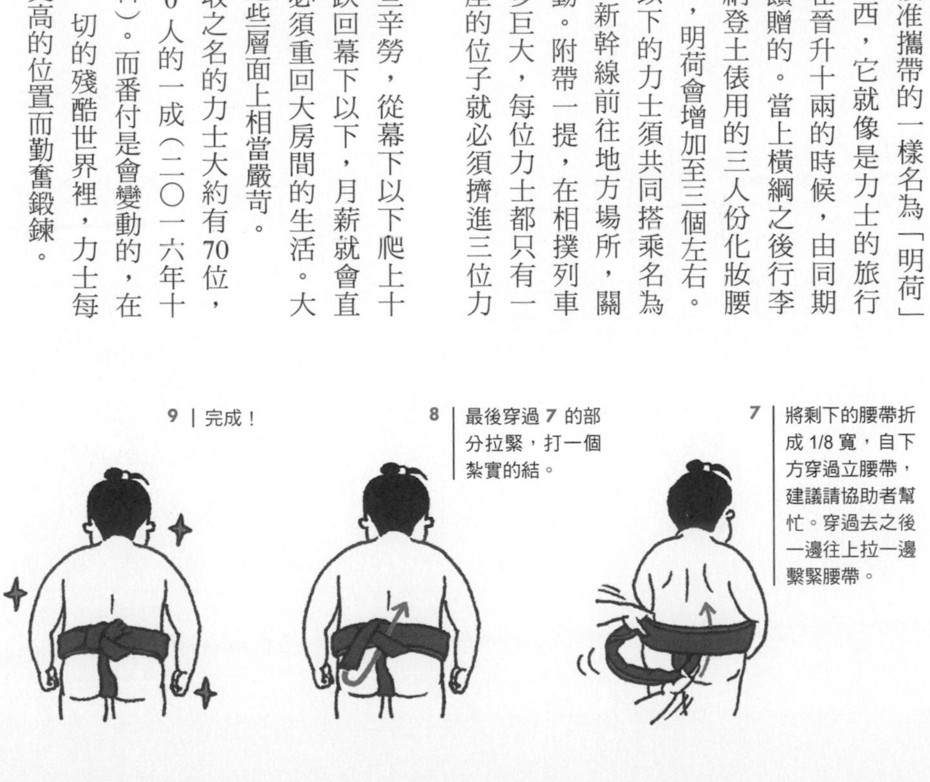

7 將剩下的腰帶折成1/8寬，自下方穿過立腰帶，建議請協助者幫忙。穿過去之後一邊往上拉一邊繫緊腰帶。

8 最後穿過7的部分拉緊，打一個紮實的結。

9 完成！

力士的學校「相撲教習所」

讓所有新弟子展開相撲人生的學校

成為新序之後，新弟子會在國技館內的相撲教習所接受體能訓練，習得相撲的基本動作並參加教養講座，學習身為力士的基礎。

入學時間是在參加前相撲的場所次月，也就是每個偶數月。從一九五七年教習所成立起計算，稱為「第〇〇〇期生」。上課時間為期6個月，然而並非所有人都能一起畢業，中途退出的人也不在少數。

除了本場所期間以外，每天的課程從早上7點開始，上完體能訓練和學科後要打掃、沐浴，接著在日本相撲協會的員工餐廳吃午餐。教習生要像在學校一樣，分成好幾組輪流打掃。最後在教室集合，合唱〈日本相撲協會錬成歌〉結束一天的課程。這首歌是由擅長相撲甚句以及太鼓的知名呼出——永男作詞。每唱一次這首歌，便是將為相撲道奉獻人生的覺悟刻在心頭。

一天的時間表

7：00～	體能訓練
10：00～	教養（每天有不同授課內容）
11：00～	打掃、沐浴
11：30～	午餐
12：30～	課後集會、合唱錬成歌

課表

星期一	相撲史	學習相撲的起源到現代相撲
星期二	日語（書法）	習字與練習難讀漢字
星期三	社會	政治、經濟等一般社會學科
星期四	相撲甚句	學習相撲甚句獨特的旋律並練習作詞
星期四	修行素養	社會人應有的素養、溝通能力
星期五	運動醫學	如何處理傷口等實用知識

日本相撲協會錬成歌

作詞：呼出・永男
作曲：甲斐靖文

一、堅若磐石的胸膛與
鋼鐵之腕迸出火花
在攻與守的十五尺
鍛錬吧吾等
鍛錬吾等的相撲道

二、寒冬訓練凜冽刺骨
盛夏腰帶汗水如珠
貫徹最初心中大志
活下去吾等
活出吾等的相撲道

三、持續守護國技傳統
不斷磨練嶄新技巧
榮光之姿震鑠土俵
閃耀吧吾等
閃耀吾等的相撲道

打掃輪值轉盤

復古的分組輪值轉盤。手工製作的迷人質感讓人無法招架。

體能訓練

教習所中設有 3 座土俵。管理教習所的親方以及教習生所屬的部屋會派出幕下以下的力士進行指導，內容包含相撲的基本動作、鐵砲、衝撞稽古和申合稽古（P128）等等。

四股

以「一、二、三」的節奏抬起腳用力踏步，每人輪流喊 10 次，一邊喊一邊踏四股。

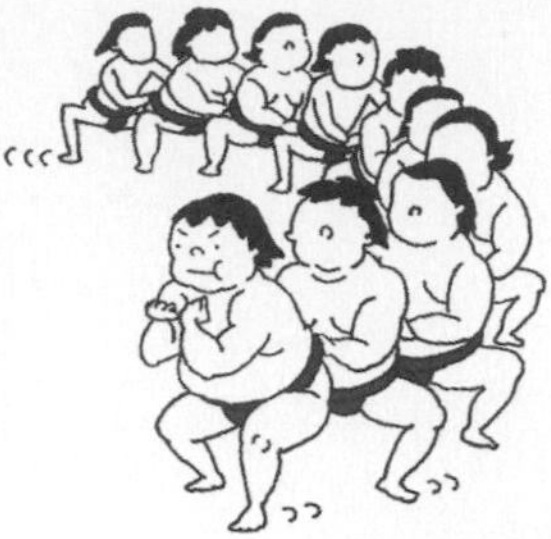

滑步

一邊喊出「一、二」「一、二」，一邊像蜈蚣一樣排成一排滑步前進，光是持續做 15 分鐘就會筋疲力盡。

相撲的基本動作

從相撲歷史演進中誕生的 10 種動作。除了下列 3 種動作，還有塵手水之型、四股之型和仕切之型等等。

反身之型

雙手往上伸直，身體向後弓起，眼睛看向指尖，喊出「呀！」的同時轉動上半身將一隻手往下。

防禦之型

身體蹲低，將手放在胸前預備，喊出「呀！」的同時單手用力朝下伸直並改變重心。

進攻之型

身體蹲低，將手放在胸前預備，喊出「呀！」的同時一邊左右交換重心，一邊把手往前伸。

教養講座

由各個領域的專家擔任講師。新雇用的行司、呼出和床山一般也會一起聽相撲史的課。由於時間安排在一早的體能訓練之後，在課堂上必須和睡魔搏鬥。

期末考以滿分 100 分計，50 分以上就算及格，50 分以下則須補考。在學科和體能訓練均獲得優異成績的人，畢業時會受到表揚。

相撲甚句

巡業和花相撲時會表演相撲甚句，力士得學習其獨特的旋律並學著作詞。唱得好的人或許還有機會受邀參加巡業!?

書法

不僅練字，也是一種培養精神力和集中力的訓練。這裡練的不是相撲字，而是一般的楷書。

力士引退之後

要選擇留在相撲界？還是要步向與相撲無關的另一條路？退休的力士當中，也有人發揮意料之外的才能，展開第二人生，大放異彩！

能留在相撲界擔任親方等職務的只有留下實績的部分力士

宣布引退之後會舉行斷髮式，剪去力士的生命象徵——髮髻。在超過一次場所名列十兩以上的力士，能夠在國技館的土俵上進行斷髮式，不過，也有不少人選擇在部屋或飯店等其他地方舉行。在部屋內斷髮是從前的慣例，而第一位在國技館進行斷髮式的是第三十五代橫綱雙葉山，於一九四六年十一月舉行。

引退後，留在日本相撲協會繼續從事和相撲有關的工作是多數力士的期望。最理想的情況是繼承「年寄名跡」，擔任年寄（一般稱為「親方」）。一旦當上年寄，生活直到退休為止都能獲得穩定保障。然而，要成為年寄不但須滿足特定條件，年寄名跡還有人數限制，必須要有空缺才有機會（P28）。因為這個原因，聽說有的力士會推測年寄名跡釋出空缺的時間，調整自己引退的時機。

從力士華麗轉職

這些都是實際當過力士的人後來從事的行業。許多前力士在完全不同的領域取得亮眼成績！

多數力士選擇相撲以外的出路

若不符合繼承年寄名跡的條件，或是年寄名跡剛好沒有空缺時，也可以「若者頭」或「世話人」的身分任職於相撲協會。兩者都隸屬於部屋，若者頭負責指導幕下以下的年輕力士、記錄比賽結果並協助前相撲的賽事進行，世話人則負責搬運和保管相撲用的比賽道具等工作。另外，也有人選擇進入協會內名為「營繕」的部門，這項職務不隸屬於部屋，工作內容僅限於國技館內搬運各種用品和插立旗幟等等。

有些具有知名度的力士也會選擇不留在相撲協會，以相撲解說員的身分參與相撲活動，不過大致還是以經營相撲火鍋等餐飲店居多。有的人則活用力士的經驗和體格，像天龍源一郎和輪島大士一樣，改從事職業摔角選手等格鬥相關工作。也有人發揮意外的才能，成為漫畫家、小說家、機長或搞笑藝人。近年據說多了不少開設整骨院或擔任照護工作的前力士。

所謂的日本相撲協會……

包含所有力士在內，行司、呼出和床山均隸屬於這個由親方經營的組織

所謂的日本相撲協會，是負責維持、發展相撲這項國技的團體。他們在一九二五年成立財團法人，二〇一四年時變更為公益財團法人，由繼承年寄名跡（參照下方）的前力士（親方）負責經營管理。組織架構分為相撲教習所、指導普及部、事業部、審判部、地方場所部、巡業部和公關部等，國技館一樓的相撲博物館以及地下室的相撲診療所也是由協會進行管理。各相撲部屋則接受相撲協會的委託，負責指導、培養已在協會完成登記的力士。

以經營管理協會的親方為首，隸屬於各部屋的行司（P30）、呼出（P34）、床山（P38）、若者頭和世話人（P27）也都是協會成員。包含力士在內，全員均加入相撲協會的健保和厚生年金保險，薪水也是由相撲協會給付，而非相撲部屋。

年寄名跡一覽（按五十音順）

目前的年寄名跡為下列的 105 名。要取得資格，必須擁有日本國籍並符合下列的任何一項條件：①取得幕內共超過 20 個場所。②取得十兩或幕內共超過 30 個場所。③曾取得三役以上（小結、關脇、大關、橫綱）。沒有自己部屋的親方稱為部屋從屬親方（部屋付き親方）。

淺香山、朝日山、安治川、東關、荒磯、荒汐、雷、伊勢濱、伊勢之海、井筒、稻川、入間川、岩友、浦風、枝川、追手風、阿武松、大島、大嶽、大鳴戶、大山、尾車、押尾川、音羽山、尾上、小野川、鏡山、春日野、春日山、片男波、勝之浦、甲山、北陣、君濱、木瀨（木村瀨平）、清見潟、桐山、熊谷、 川、九重、境川、佐渡嶽、佐之山、式秀（式守秀五郎）、錣山、芝田山、白玉、不知火、陣幕、關之戶、千田川、高崎、高砂、高島、高田川、武隈、竹繩、田子之浦、立田川、立田山、立浪、立川、楯山、谷川、玉垣、玉之井、千賀之浦、出來山、出羽海、時津風、常盤山、友綱、中川、中立、中村、鳴 、西岩、錦島、錦 、二所之關、二十山、八角、花籠、放駒、濱風、秀之山、富士根、藤島、二子山、振分、間垣、松根、待乳山、陸 、湊、湊川、峰崎、三保關、宮城野、武藏川、山科、山響、山分、若藤、若松

一代年寄

唯留下顯赫功績的橫綱才能擔任的特殊職位。至今曾獲得這項殊榮的有大鵬、北之湖和貴乃花。千代之富士亦曾獲提名，但他謝絕此職位改繼承九重之名。

日本相撲協會的組織

部門	職務
相撲教習所	指導、教育新弟子力士。
指導普及部	為了將相撲技術流傳後世而進行相關的研習、指導並出版與相撲道有關的刊物等。
生活指導部	負責協會成員（力士、年寄、行司、呼出、床山等）的生活指導。
事業部	籌辦在東京舉行的本場所。
審判部	負責裁判本場所的勝負結果及決定賽程。
地方場所部	籌辦於大阪、名古屋和福岡舉行的本場所。
巡業部	籌辦地方巡業。
公關部	進行日本國內外的宣傳活動以及製作、管理影片和照片。
相撲競技監察委員會	為防止、監察並懲處在本場所內的打假賽行為所設立的機關。
相撲博物館	研究、整理、保管、展覽相撲的相關資料並出版刊物。
相撲診療所	主要的工作是為協會成員看診（也有提供一般看診服務）。

維持員制度

記載於《日本相撲協會寄附行為》的制度，明訂「落實日本相撲協會之維持與存續，支援事業者當之。」於本場所的主辦地區繳納維持費，獲得協會承認方能入會。會員可以對協會的經營提出意見，或是選出三賞的得獎者等等。由維持員組成的交流社團，在東京、名古屋及福岡稱為「溜會」，在大阪則稱為「東西會」。他們會坐在溜席上觀賽，而在大阪，穿著茶色日式棉背心觀賽的人就是東西會的成員。

行司

身著華美裝束的行司在土俵上裁定勝負的模樣十分引人注目。其實，他們在土俵以外的地方也負責許多幕後工作，支持著相撲界。

今後要自稱「木村」或「式守」，取決於當初入門哪間部屋

行司的雇用條件是國中畢業且未滿19歲的男性，人數上限為45人，退休年齡為65歲。欲應徵行司首先須入門相撲部屋，接著參加行司會及相撲協會的面試。入門的契機五花八門，有的是「原本想當力士，參加相撲部屋的晨練後卻被親方勸去當行司」，也有人是因為「父母認識相撲圈內人，透過對方介紹才進入部屋」。

行司從最高級的立行司到最初級的序之口行司，共分8個階級（P2～3）。在每年九月場所後的理事會上進行綜合評鑑，根據年資和土俵上的裁判是否得當這些「身為行司的資質」，決定該行司能否晉級。

行司分為是「木村」和「式守」兩種姓氏。今後要使用哪個姓氏是由門派或部屋決定。剛入門時，大部分的行司是以其中一個姓氏加上自己的名字來命名，隨著經驗累積，有些人也會繼承部屋代代相傳

行司的階級與裝束

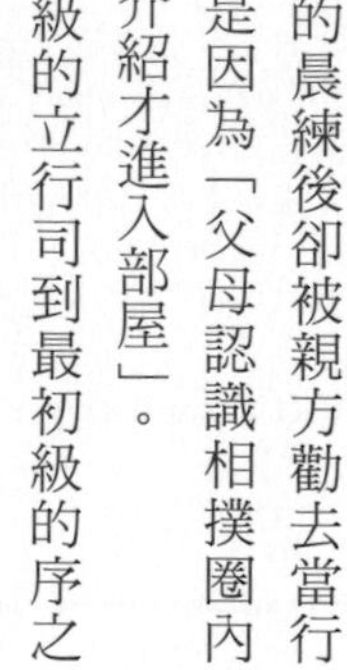

幕下以下
穿著棉質的樸素服裝。袴腳需捲起露出小腿，打赤腳站上土俵。垂墜的房為「黑」或「青（綠）」色。

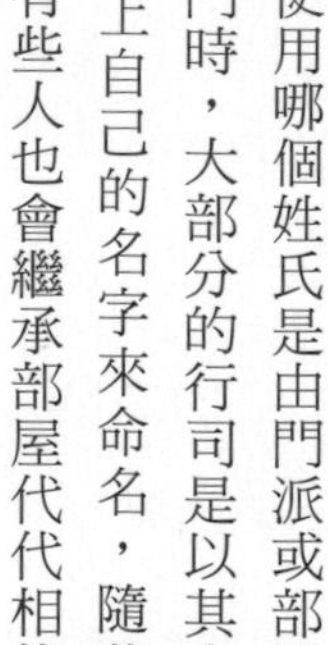

十兩
獲准穿足袋，袴腳也可以放下。房的顏色改為「青白相間」。和力士一樣，達到十兩以上的階級便取得資格成為正式行司，身邊也會安排付人。

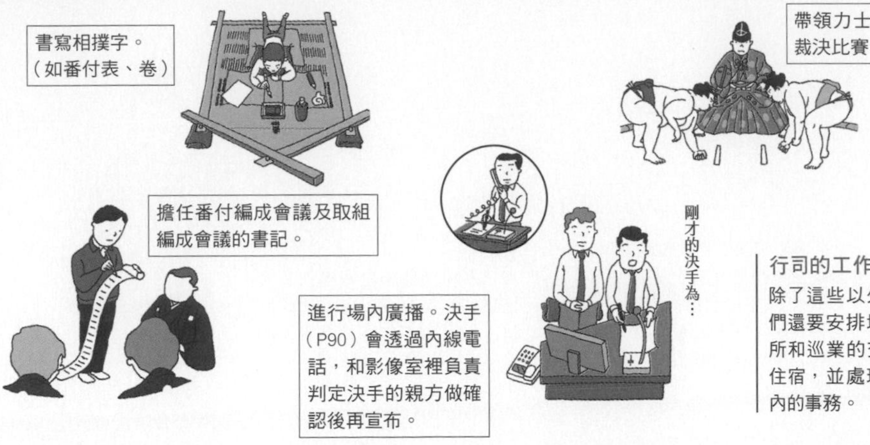

書寫相撲字。
（如番付表、卷）
帶領力士登土俵、
裁決比賽
擔任番付編成會議及取組
編成會議的書記。

進行場內廣播。決手
（P90）會透過內線電
話，和影像室裡負責
判定決手的親方做確
認後再宣布。

行司的工作

除了這些以外，他們還要安排地方場所和巡業的交通、住宿，並處理部屋內的事務。

的、或是具有歷史典故名字。其中僅次於最高階的「木村庄之助」與第二高階的「式守伊之助」、同樣具有典故的名字，還有幕內以上的式守氏行司繼承之「與太夫」、「勘太夫」及「錦太夫」（合稱「三太夫」）。行司的服裝也會隨晉級變得華麗。其實他們在江戶時代是穿裃※1搭配髮髻，不戴烏帽子。到了明治時代，因為政府下令剪去髮髻，他們以「短髮與裃不搭」為由，將服裝改為直垂※2，最終演變成直垂搭配烏帽子的型態。這身服裝一般是前輩傳下來的，或是來自後援會、親方或新橫綱的禮物，一個人會有好幾套。雖然外表看來光鮮亮麗，直垂的裡面卻穿著七分褲，據說是因為不穿很容易因為勾到袴腳而跌倒。

比賽中要注意自己站的位置

行司最受矚目的工作就是在土俵上裁判比賽。原則上負責與自己同級或較低階的力士賽事，包含式守伊之助在內，裁決的

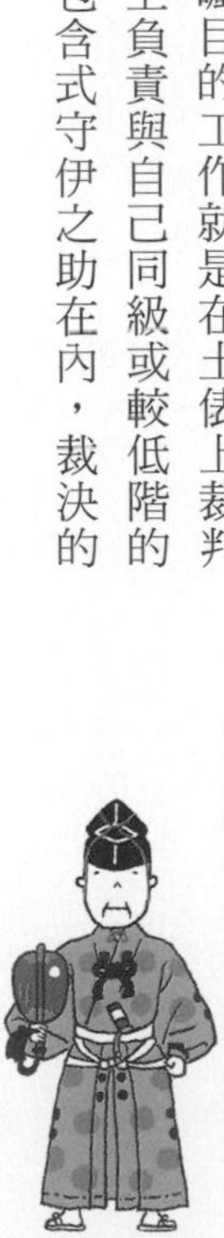

立行司

只裁判最後一場比賽的木村庄之助配戴深紫色的房，稱為「總紫」，式守伊之助的房則是「紫白相間」。腰間插著短刀，以表「若判決有誤便切腹謝罪」的覺悟。

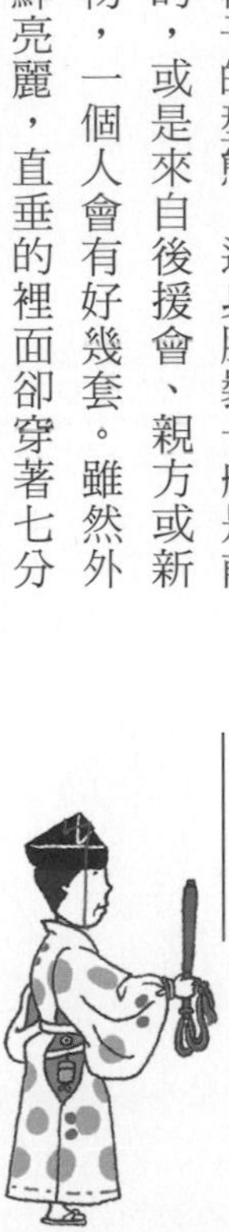

三段

可以穿著白色足袋及草履站上土俵。腰間掛著印籠。房的顏色為「朱」。

幕內

服裝與十兩相同，還不能穿鞋。房的顏色為「紅白相間」。

※1 裃：日本江戶時代的武士禮服。肩上的布料向兩側延伸，在後背、兩邊胸前以及袴的腰板上繡有家紋。
※2 直垂：一種上衣下袴的裝束，廣袖、胸前繫帶，衣襟是縫製成長方形的方領，前身呈現垂直下垂的狀態，因而得名。

何謂行司會？

兩年一度的行司大選!?

由立行司擔任會長的組織「行司會」，透過選舉從十兩以上的行司選出3名監督，負責指導新人、提升業務品質以及擔任與日本相撲協會的聯繫窗口。選舉每2年舉辦1次，三段目以上的行司才具有選舉權，於一月場所後的行司會投票。

場數是十兩以上每人一次2場；幕內以下則因場數不定，有時必須一人負責好幾場；而階級最高的立行司——木村庄之助每天只裁判最後一場比賽（結びの一番）。當木村庄之助從缺或請假時，則是由式守伊之助代理，不過倒數第二場比賽還是由他負責，所以總共須裁判2場比賽。

此外，行司在比賽時須銘記以下事項：比賽進行中「不可背對審判長所在的正面」、「移動方向須和力士相反避免發生碰撞」以及「裁定勝負時須注意力士腳邊」。

其實行司在土俵以外的地方更忙碌

行司在土俵之外的地方還有許多工作，例如在橫綱、幕內及十兩的登土俵儀式上，須走在前頭帶領力士進場；隨後登場的「顏觸言上」（P78）則須向場內宣布隔天的賽程；而場所開始前的土俵祭（P110）也是由行司擔任祭主。

下了土俵之後，主要有三項任務在等著他們，分別是場內廣播、割場與事務工作。

行司的生財工具

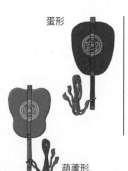

軍配

分成蛋形和葫蘆形兩種，以蛋形居多。大部分是承自師兄（繼承團扇）或是來自支持者的贈禮。表面有圖樣、家紋或文字，背面則是致贈者的名字等等。即使是左撇子也必須用右手持軍配。

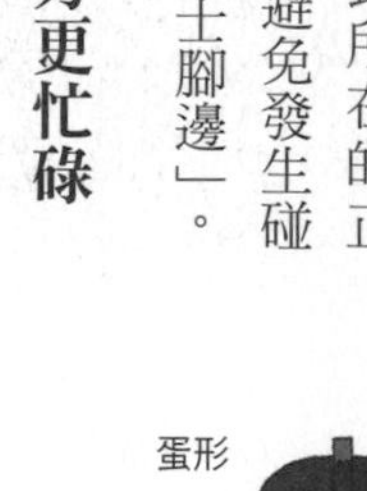

相撲字用的毛筆

書寫粗體的相撲字一般常用筆毛強韌的粗筆。因為筆頭較粗而無法用硯台吸飽墨汁，故改用墨壺。據說鐵路便當常見的釜飯容器用起來最剛好。

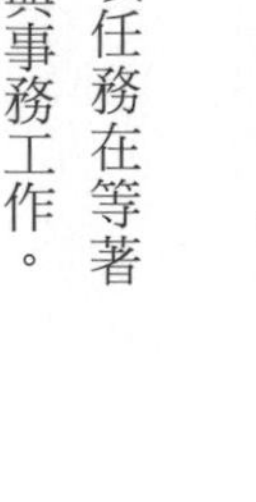

行司休息室是這樣的地方

來看看國技館地下室裡，位於力士休息室對面的行司休息室吧！

幕下以下的服裝收入壁櫥內的櫃子
成排的明荷
3位監督
立行司的專用位置
一邊看著電腦或文件一邊工作
與和服廠商討論服裝用的布料
確認卷上的比賽結果
端茶是新人行司的工作
更衣準備登上土俵，付人會從旁協助

場內廣播——在西花道旁邊的播報席上，（進行十兩以上的賽事時）會有2位脫去裝束的行司進行廣播。雖然聲音聽起來幾乎一模一樣，實際上是由多位行司輪流負責。像是介紹力士的出生地時應在何處換氣等等，他們會模仿前輩說話的每個細節，據說這就是聽起來越來越相似的原因。

割場——行司有許多需要手寫的工作，例如使用盡量不留白的「相撲字」書寫番付表、將每天的比賽結果和決手記錄在名為「卷」的卷軸上、書寫顏觸言上用到的「顏觸」等等。進行這些工作的場所稱為「割場」。附帶一提，「割」是「比賽」的意思。此外，他們還須在取組編成會議以及番付編成會議上擔任書記。

事務工作——例如安排巡業用的巴士等像領隊一樣的工作，還有為所屬的相撲部屋寄送番付表、書寫婚喪喜慶用的信封以及聯絡後援會這類的事務工作。

身為幕後人員的行司在土俵之外的工作壓倒性地多，簡直忙得不可開交。

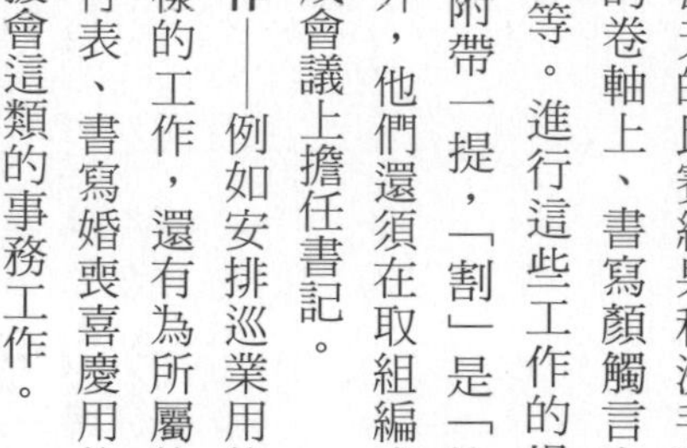

場內廣播用的小卡片

負責場內廣播的行司在介紹力士的四股名、番付、出生地和所屬部屋時，為避免出錯而製作的輔助工具。製成卡片形式的用意在於可依照當日賽程調整順序。

呼出

呼出負責俐落地完成土俵上和土俵周圍的工作。此外，還要在場所開始前搭建土俵，並用太鼓為相撲炒熱氣氛，工作內容十分多元。

土俵上的專家可不是只會唱名而已

呼出的雇用條件是國中畢業且未滿19歲的男性。應徵行司得透過相撲業界人士介紹，或是直接找親方商量，進入相撲部屋之後還要參加呼出會及相撲協會的面試。人數上限為45人，退休年齡為65歲。

呼出從立呼出到序之口呼出，共分9個階級（P2～3），基本上是根據年資和成績晉級。和行司不同的是他們沒有姓氏，只有名字而已。

呼出同樣隸屬於相撲部屋。成為新人呼出之後，會在最近一次的本場所或巡業迎來「初土俵」※，接下來的三年須以見習生的身分接受同部屋或同門前輩的指導。

說到呼出就會想到「裁著袴」。呼出不像行司一樣會隨著階級改變衣著。慣例上，一年會有數次由贊助商為所有人訂製印有企業名稱的服裝。因此在場所內決定誰該在什麼時候穿哪套衣服的並非呼出自己，而是取決於贊助商。

呼出的服裝

呼出的裝扮從江戶時代沿襲至今。在袴的腰板上印著橫綱或大關四股名的衣服，是從晉升為橫綱或大關的力士那裡收到的贈禮。因為只能穿現役力士送的衣服，當該名力士引退之後，有些呼出會將衣服送給相撲案內所（P64）的出方。

※ 初土俵：初次登上土俵參與相撲賽事。

呼出的工作
除了這些之外，協助擔任裁判的親方以及與行司一起進行顏觸言上（P78）等也是他們的職責所在。

在土俵與周邊辛勤工作的呼出

呼出的三個主要任務，分別是唱名、搭建土俵和擊太鼓。其中，對呼出來說最滿足的，莫過於拿著白扇高唱力士的四股名。有人說，唱名的訣竅在於演歌的音調，而當中也包含比較不好唸的四股名，新人呼出會在相撲教習所或休息室練習。

十兩以上的比賽，呼出會在東西兩側的土俵下方（給水區）輪流待命，他們用掃帚整頓土俵，並管理力士用的力水、化妝紙、鹽巴及毛巾。當力士摔下土俵時，他們必須迅速抱走水桶騰出空間，避免力士受傷。因此，動作不夠敏捷的人是沒辦法勝任呼出的。

當負責計時的裁判發出時間到的暗號，告知前來取鹽的力士「時間已到」也是呼出的工作。在幕內的比賽上，他們會從付人那裡接過印有四股名的坐墊，並將其與前一位力士的坐墊交換。此外，在西花道待命的呼出除了要拿著不戰而勝的公告和

何謂呼出會？

工作包含管理歷代呼出之墓

和行司會一樣，由立呼出擔任會長，是負責提升呼出的工作品質並與日本相撲協會聯繫的組織。監督由階級較高者擔任。在位於兩國回向院的歷代呼出之墓（太鼓塚）舉辦法會是呼出會特有的職務，這個地方最初是為了弔唁歷代呼出的靈魂，而建於 1913 年。法會辦在每年五月場所之後，現役和退休呼出都會到場。

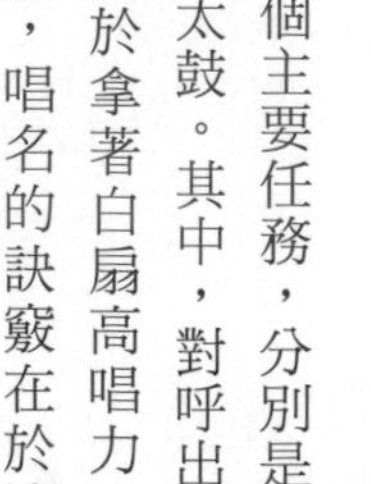

呼出配置圖

十兩以上的比賽配置圖。東西兩側的給水區各有一名呼出，負責唱名的呼出則在花道預備。電視轉播上偶爾能看到數名呼出在西花道上待命的景象，他們聚在一起並不是為了聊天，除了準備懸賞旗，當土俵上發生狀況時，他們也能夠迅速處理應對。

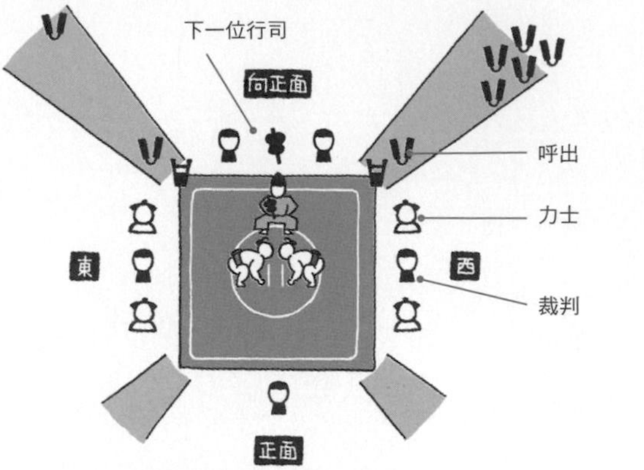

懸賞旗繞場之外，還要擔任裁判的助手。

呼出也負責擊柝（拍子木）告知土俵上的節目進度。除了眾所皆知的十兩、幕內登土俵時所敲擊的柝以及比賽結束後的散場柝，他們還會在休息室裡擊柝通知力士「馬上就要登土俵了」。

呼出親手打造的土俵

比賽進行時，呼出會持續維護土俵，時而掃平場上的砂土，時而在上面灑水。事實上場上的土俵製作時未使用任何機器，全是呼出靠著從前傳承下來的工具手工打造而成。從本場所的五天前開始，所有呼出會一起出動搭建土俵，稱為「土俵築」（P112）。據說也有人因為不擅長這種吃力的工作，而放棄呼出這條路。

此外，當然不能忘了太鼓。本場所前一天的「觸太鼓」（P114）、比賽開始前的「寄太鼓」以及賽後的「跳太鼓」，這些輕快的音色不論相撲迷與否，都讓聽者忍不住為之振奮。

呼出的生財工具

柝

有的是使用前輩傳下來的柝，也有人自行選購櫻木，請木匠打造個人專屬的柝。

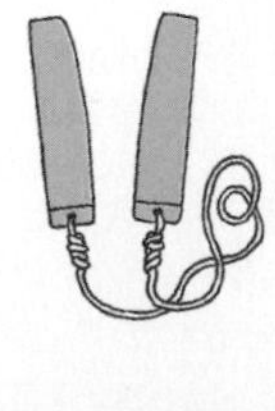

白扇

純白的扇子代表潔白與白星※，也有一說是用來遮住嘴巴。因為用著用著扇子的固定處就會逐漸鬆脫，每年都需要換一把新的。

手持

唱名時藏在左手的小抄。從序之口呼出開始，將發給觀眾的賽程表剪貼後捲起製成。因為大家會先剪下各自負責的部分再交給下一個人，到最後，紙張已被汗水和手上的髒污弄得殘破不堪。

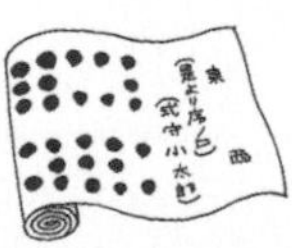

※ 白星：贏得比賽的力士在紀錄上會註記一顆白星。

給水區

力水桶
蓋上水桶的蓋子之後，神奇的事情發生了！把手剛好架在中間，正好用來當作毛巾架！
掃帚
為了迅速將土俵上被弄亂的砂土整平，掃帚會就近放在身邊。
鹽籃
變少時由呼出補充，據說一天需用掉 45 公斤左右的鹽。
白色椅子
呼出坐的椅子為保麗龍製，這是為了讓力士摔下來撞到也不會受傷。
力水槽
力士用來吐力水的黑色容器。國技館的力水槽直通下水道，地方場所的力水槽則與塑膠桶相接，大概在第十天就會裝滿，需用幫浦將內容物抽出。

在土俵東西的角落，各有稱得上是「呼出駕駛艙」的區域，這裡擺放著各式物品，以便隨時派上用場。

整理土俵的重點

除了比賽之前及力士撒鹽之後，在交換裁判時，呼出也會手腳俐落地進行土俵的維護工作。

灑水
在中場休息時間以及橫綱登土俵之前會灑水以避免人員滑倒。

灑完水後接著用竹掃帚將砂土和水混合，最後像是倒著寫一個「の」字，將砂土推到中央。

床山

力士的象徵——大銀杏和髮髻均出自床山之手。雖然不會出現在幕前，但缺少床山相撲界就不成立了。協助床山完成工作的那些獨具風情的道具也很有魅力。

見習期間要跟著技術高超的前輩床山學習

床山幾乎不會出現在電視上，他們的工作是為力士梳理髮髻以及大銀杏（P57）。國中畢業且未滿19歲的男性即可應徵床山，不需具備美髮師的證照。想成為床山必須先進入相撲部屋，接著參加床山會和相撲協會的面試。和行司、呼出一樣，有的人原本是想當力士或其他幕後人員卻沒有空缺釋出，也有人是聽從親方的建議而成為床山。人數上限為50人，不過當力士人數超過12人卻沒有半個床山的部屋提出申請時，即使超過人數限制也會予以雇用。

一旦錄取，新人必須花3年以見習生的身分接受經驗豐富的床山指導。此外，床山與力士相當親近，因此每天為力士綁髮髻時，記住力士的髮質或喜好、慢慢建立起與力士之間的信賴關係是非常重要的。

床山的生財工具

荒櫛

於抹完髮油之後使用，梳開打結或黏在一起的頭髮。

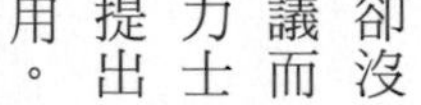

攏櫛

最後收尾用的梳子，想快速整理頭髮時也會用到它。

前梳

梳理頭頂上、用來支撐大銀杏的頭髮。

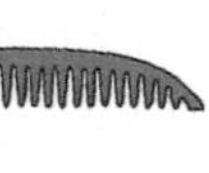

隙櫛

去除頭皮屑和髒汙用的寬齒梳。

紗剪

用來將頭髮的長度修齊。

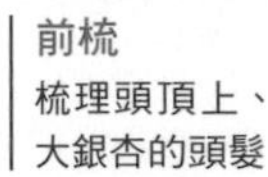

底繩

綁大銀杏的時候會先用底繩暫時固定，待調整好髮髻後再綁上元結。

床山二三事

為了能夠迅速拿出元結，多數床山都將它置於褲子後面的口袋。如果從某人的褲子口袋看到露出來的元結，那個人百分之百是床山！

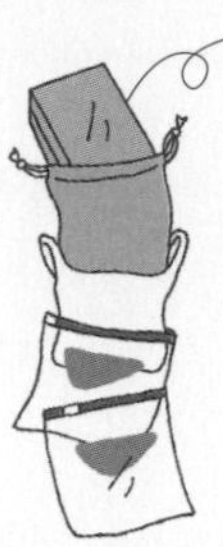

搭乘電車或公車時，因為在意髮油的味道，床山會在外面套上好幾層袋子，不過據說這樣仍然無法完全蓋住味道，最終還是會被周遭的人察覺。

需花上五年才能夠綁大銀杏

床山的階級依照年資和成績，從特等到五等共分為6個階段（P2～3）。連續服務45年以上、年齡超過60歲且成績優秀者方能勝任特等床山。就算服務年資未達標準，表現特別傑出的人也可能破例晉升。每位床山皆以「床〇」命名，或帶有「床」字的名稱。

熟練地使用道具才能梳好一頭髮髻，光是梳子就有4個不同的種類。而力士身上傳出的甘甜香氣，源自床山用來為他們梳理髮髻或大銀杏時使用的髮油。據說通常要花上2年才能學會綁髮髻，5年才能學會大銀杏。另外，將力士的長髮抓成一束盤起需要腕力，咬住元結拉緊時也會頻繁用到牙齒及下顎，床山這份工作意外地消耗體力。

過去除了力士，幫親方理髮、刮鬍子也是床山的工作。不過近年親方開始上理髮店或是自行打理，不再需要床山幫忙了。

髮油

抹在頭髮上的油，正式名稱為「梳油」。原料是菜籽油以及能使頭髮產生光澤的蠟，後者取自九州產的山漆果實。裡面添加了 4 ～ 5 種香料，是力士身上的甘甜香氣的源頭。

元結

固定髮髻用的紙繩。將和紙裁成長條狀，以棉布捲起，接著塗上以海藻和米飯製成的糨糊後風乾。由生產水引※的廠商製作。

髷棒

綁大銀杏時用來勾出「鬢」與「髱」的工具。左右兩邊的是鬢，後方膨起的部分是髱。髷棒在一般的商店沒有賣，得找到鋼琴線或腳踏車的輻條自行加工。

道具箱

根據床山的需求特別訂製的箱子，裡面可以收納一整套工具。金屬製，下層作為盛水桶使用。

※ 水引：裝飾在禮金袋或禮物包裝上的繩結。

後援會

後援會以各種不同形式、從外部為力士與相撲部屋加油打氣，近來也出現了一些入會門檻不高的粉絲俱樂部。支持者還能獲得許多有趣的贈禮。

支持部屋及力士的個人或團體

後援會是為了支持相撲部屋及力士而組成的團體。部屋的後援會大多位於本場所舉辦的城市，力士個人的後援會則多由家鄉或母校組成。他們以各種方式支持部屋和力士，例如在場所開始前舉辦誓師大會，或是在力士晉升十兩、橫綱或大關時致贈化妝腰帶（腰帶下方會有「○○後援會」的字樣），還有提供白米或魚、肉等食材給相撲部屋等等。力士的狀況時好時壞，不論何時，後援會都應給予他們鼓勵，成為他們的精神支柱，甚至傾聽私人的煩惱並給予意見。

當然，力士和部屋也會向支持者回報謝禮，如贈送本場所的招待券、千秋樂派對的邀請函、番付表及大相撲月曆，或是招待他們參觀晨練。支付高額會費的會員據說還會收到浴衣布料。此外，有些部屋還會提供與眾不同的贈禮，例如來自親方的生日卡片。

後援會常見的贈禮

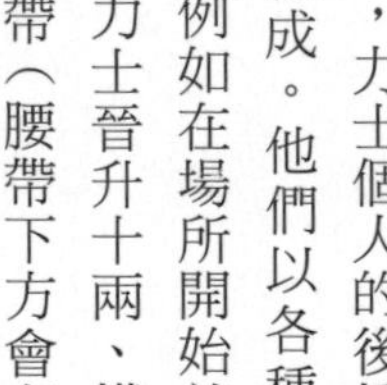

大相撲月曆

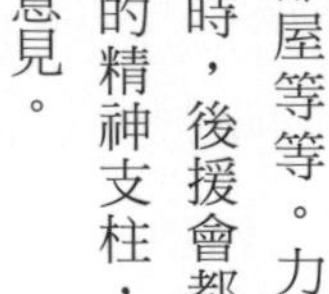

番付表

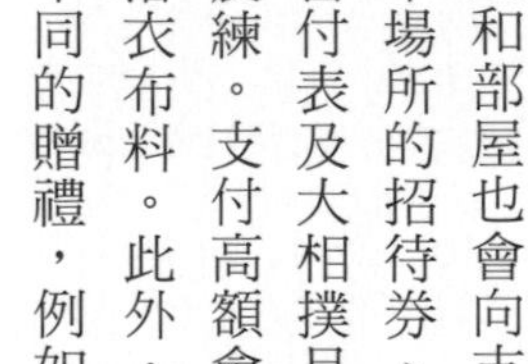

參觀晨練

谷町物語

相傳這位醫生免費為窮人看診，只向有錢人收費。

也有可以輕鬆入會的粉絲俱樂部

加入後援會的方法是直接向部屋提出申請，或是利用郵寄等方式將申請書寄到部屋。最近多了一些會費只要一萬日圓左右的後援會，也有可以輕鬆加入的粉絲俱樂部。詳情請至各部屋的官方網站確認。

在過去，相撲的支持者被稱為「谷町」，源於明治時代一位在大阪的谷町看診的醫生。他免費為力士看病、照顧力士並給予他們精神上的支持。力士們也非常愛戴他，稱他為「谷町醫生」，後來便開始以「谷町」一詞稱呼支持者。雖然當時並沒有金錢上的援助，但現在的谷町卻類似贊助者的角色，他們還會將鉅額款項用在相撲界以外的地方，開始與這個稱呼的原意有所不同。

千秋樂派對的邀請函

印有部屋名稱或四股名的浴衣布料

column
專欄

五花八門的四股名

四股名沒有禁忌或規則，但似乎反映了流行與時代特性

就好比人名會隨著時代出現趨勢或流行，四股名似乎也反映出時代特性。雖然沒有明文規定，但四股名只會用到常用漢字，而片假名也只限於「ノ」（no，即「之」）。過去雖然也有人使用平假名作為四股名，不過現在已經看不到了。

一般的命名方式是繼承部屋代代相傳的四股名，如佐渡嶽部屋的「琴」或九重部屋的「千代」，可能是各部屋流傳下來的一個漢字，或是取自親方四股名的其中一部分。此外，也有很多人是以出生地命名。基本上必須是能讓人覺得強悍的名字。

有些四股名也反映出時代特質，如果出現厲害的力士，命名時也會參考他的名字。例如過去在「北之湖」活躍的時期，就出現許多帶有「湖」字的四股名。

現在的話，只要不是過於無厘頭的名稱就好。四股名並沒有任何禁忌，像是明治時代的命名方式就非常自由。著名的怪名字諸如直接以「文明開化」為名的力士，還有像「電氣燈 光之助」、「自動車 早太郎」、「自轉車 早吉」這類能讓人感受到新時代來臨的四股名。此外，不知是否受到有如現今貓咪熱潮的影響，也有人使用「三毛貓 泣太郎」、「山貓 三毛藏」或「黑貓白吉」等與貓有關的名字。而獨樹一格的還有「片福面 大五郎」。據說是老主顧覺得他的臉雖然像阿龜面具一樣圓潤，身體卻又硬又胖，故取名為「片福面」（阿龜又稱多福，而「片」與「硬」同音）。他在獲勝後表演的章魚舞在當時也博得好評。

第2章 相撲行事曆

除了一年6場的本場所以外，相撲界還有許多例行活動。本章要介紹的不只有開放一般民眾參觀的花相撲、奉納登土俵，還包含不公開的新弟子檢查以及幕後人員的訓練。

本場所

一年當中有大大小小的相撲賽事在日本各地舉行，但影響力士階級的本場所固定是每年6場，會場分別在東京、大阪、名古屋以及福岡。

2個月1次，於奇數月舉行。賽期共15天，每天都有賽事。

雖然日本各地都會舉辦相撲賽事，能夠稱為正式比賽的只有本場所。場所結束後召開的番付編成會議會根據成績調整力士的番付，因此戰況往往相當白熱化。相對於一年6次辦在奇數月的本場所，不影響番付且娛樂性質較高的相撲賽事稱為花相撲（P46），在沒有本場所的偶數月舉辦。

江戶時代至昭和二十年代之間雖偶有例外，但每年在東京舉辦2次本場所是當時的慣例。戰後加上大阪改為一年3次，一九五七年再加入福岡，隔年一九五八年又多了名古屋，成為現在的模式——每年一月、五月和九月在東京、三月在大阪、七月在名古屋，而十一月在福岡。時程從當月第二個星期日開始，到第四個星期日結束，為期15天。每天都有十兩以上的賽事，而幕下以下的賽事為期7天。至於現行的15天賽制是在一九三九年確立的。

3月

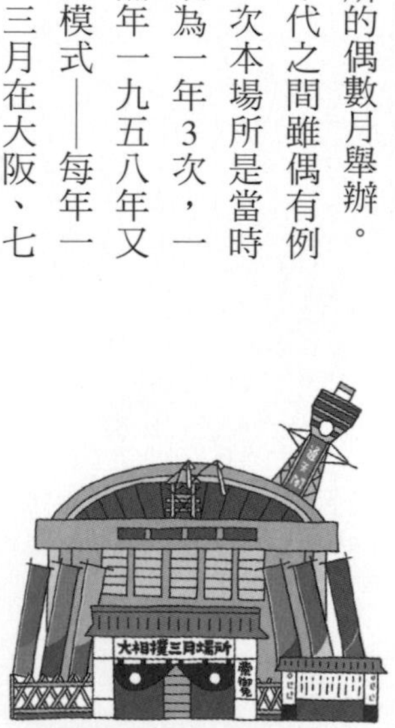

大阪

三月場所的會場在大阪府立體育會館，與東大寺水取祭、甲子園春季選拔大會齊名，均屬關西地區春季的例行活動。

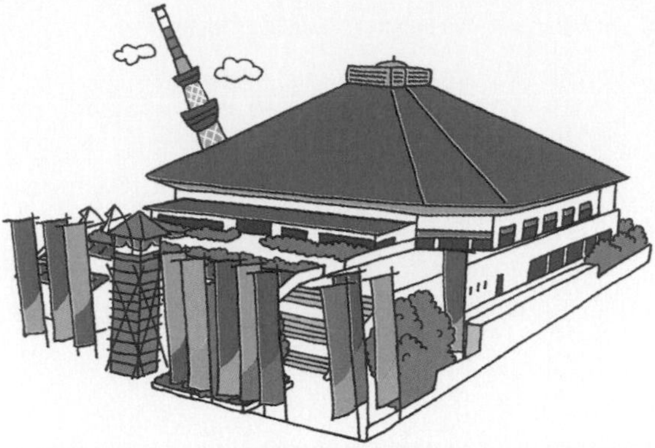

1 月、5 月、9 月

東京

一月、五月及九月場所的會場在兩國站附近的國技館。隔壁是江戶東京博物館，後方則是高入雲霄的晴空塔。

地方場所也有其他別稱

日本人有時會以季節或地名來稱呼本場所，如一月的「初場所」、三月的「春場所」或「大阪場所」、五月的「夏場所」、七月的「名古屋場所」、九月的「秋場所」和十一月的「九州場所」，不過這些都是俗稱，冠上比賽的月份才是正式說法。

而地方場所也各有特色。三月場所因為有許多國中準畢業生入門成為新弟子，故被稱為「就職場所」。此外，過去曾有多位番付排前的力士在這裡慘遭滑鐵盧，於是又有「跌破眼鏡的大阪場所」（荒れる大阪場所）這個別稱；七月場所則因為辦在天氣最熱名古屋，因此也有人稱它為「熱帶場所」或「南國場所」。

備受當地相撲迷期待的，還有地方場所於首日的前幾天登場的前夜祭。這類活動主要由當地的報社或電視台主辦，節目包含登土俵、介紹當地力士、脫口秀以及力士歌唱大賽等等，為地方場所炒熱氣氛。

7 月

名古屋

舉辦七月場所的愛知縣體育館位於綠意盎然的名古屋城二之丸。有些遊客會在觀賞相撲之前先去參觀名古屋城的金鯱。

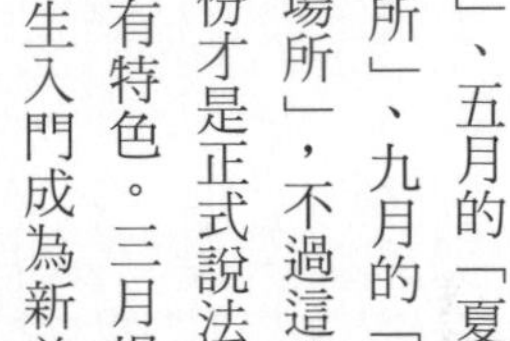

11 月

福岡（九州）

十一月場所的會場是福岡國際中心。有別於大阪和名古屋的場地，這棟建築物和國技館一樣是正方形，外觀似乎也有雷同之處。

花相撲

在沒有本場所的月份，要不要參與花相撲、觀賞比賽以外的有趣節目呢？這也是可以和力士拉近距離、看見他們放鬆表情的大好機會！

名稱源自平安時代的宮中活動，雖然也有比賽，氣氛卻非常歡樂

有別於本場所，花相撲指的是勝負不影響番付的相撲及表演活動，包含地方巡業、採淘汰制的相撲大會、神社寺廟裡的奉納相撲、福祉相撲以及引退相撲等等。

「花相撲」這個名稱源自於平安時代宮中的「相撲節」。進行相撲的人稱為「相撲人」，當時並非以東、西，而是以左方、右方來區分——左方會在頭上插著人造錦葵，右方則插著人造瓠花進行比賽。勝利的一方會把花、劍與身上的衣服交給下一位相撲人，表示將獲勝的好運帶給對方。

現今的花相撲選在本場所以外的時間舉行，除了比賽之外還有餘興節目，例如和巡業一樣的初切（P123）、相撲甚句，以及太鼓、繫綱繩和綁大銀杏的示範表演等等。在某些活動上，還能看到力士和當紅歌手較勁的歌唱大賽。

巡業（→第4章）
每年4月、8月、10月和12月走訪日本各地的地方巡業也是力士的訓練機會，故行程會分成上午的公開訓練與下午的花相撲這兩個階段。不過正確來說，如此的活動不能稱作花相撲，而是包含花相撲的節目表演。

奉納相撲
嚴格來說，伊勢神宮和靖國神社的奉納相撲屬於巡業活動的一環。而明治神宮會在神宮內舉行奉納登土俵，比賽的部分則是在國技館舉行「全日本力士選士權大會」。

相撲節
又名「相撲節會」，盛行於奈良時代至平安時代。當時力士穿的不是腰帶（まわし），而是唐風的兜襠布（ふんどし）。

各種充滿娛樂性的節目

力士引退時，擁有一定成績的力士可以選擇在國技館舉行引退相撲。雖然是以斷髮式（P26）為主，不過也有幕內階級的賽事，或是由引退力士與過去的宿敵或自己的兒子進行相撲對決，相當有看頭。

二月上旬舉辦的是NHK福祉大相撲，可以看到當紅力士與歌手同台飆歌，或是和兒童進行相撲比賽。同樣辦在二月上旬的還有位於國技館的日本大相撲淘汰賽，由十兩和幕內力士參賽，爭奪冠軍寶座。

每年固定會在三處舉行奉納相撲，分別是伊勢神宮、靖國神社和明治神宮。伊勢神宮奉納相撲的重頭戲，在於負責登土俵儀式的橫綱會與三役力士（大關、關脇、小結）列隊走過宇治橋；而靖國神社奉納相撲的看點，則是力士著化妝腰帶參拜的景象。

NHK福祉大相撲
舞台搭在國技館西側的觀眾席上，由力士和歌手帶來夢幻的同台演出。許多力士的歌唱實力不輸專業歌手。

日本大相撲淘汰賽
引退力士之間所進行的OB戰※可說是隱藏版的重點節目，令人懷念的光景與難以預測的走向帶動了場內的氣氛。

※「OB」是取自「old Boy」的日式英語，指畢業的學長或已經離開某個領域的人。

奉納登土俵

在本場所開始前，橫綱全體會一起進行奉納登土俵。少了花相撲的歡樂氣氛，莊嚴的奉納登土俵讓人深刻體會到相撲其實是祭神儀式。

除了是本場所前的例行儀式，也會不定期在全國各地舉行

奉納登土俵是指為祈求天長地久、國泰民安，並驅除土地的穢氣，於神社等處舉行的登土俵儀式。和本場所幕內賽前的登土俵（P76）一樣，場上還有露拂及太刀持，行司亦會在場見證。而奉納登土俵只有儀式，結束後沒有相撲比賽。

定期舉辦奉納登土俵的有「明治神宮」（東京）、「住吉大社」（大阪）、「熱田神宮」（名古屋）和「住吉神社」（福岡）這四個地方，儀式固定在本場所開始前進行。明治神宮的奉納登土俵是為相撲界新的一年揭開序幕的儀式，時間大約落在每年一月的六～八日。每一位橫綱都必須參加這幾場儀式，亦開放民眾自由觀賞。而一年當中，在全日本的其他神社、寺院裡也會舉行奉納登土俵，不過主辦單位並非日本相撲協會，而是由當地的執行委員會等其他團體進行。

奉納登土俵的行程表

1月	3月	7月	11月
明治神宮（東京都澀谷區）	住吉大社（大阪市住吉區）	熱田神宮（名古屋市熱田區）	住吉神社（福岡市博多區）

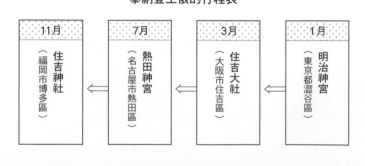

除了橫綱登土俵以外，力士在土俵上踏出的「四股」據說也承襲自古代的祭祀儀式，藉由用力踏步來驅除地下的穢氣、平定大地。

新橫綱還必須走訪相撲相關的神社

出現新橫綱時，明治神宮會舉行「橫綱推舉狀授與式」（簡稱推舉式，P108）。獲選成為橫綱的力士會接受理事長頒發的「橫綱推舉狀」，並將第一次的橫綱登土俵儀式獻給神明。

除此之外，新橫綱在首次參加東京場所前，固定會到祭祀相撲始祖——野見宿禰的「野見宿禰神社」（東京都墨田區）進行登土俵儀式。

大約從二十年前開始，勸進相撲的發源地「富岡八幡宮」（東京都江東區）也開始舉行新橫綱的奉納登土俵，日期不固定。所謂的勸進相撲是指寺院或神社為募集修建經費所舉辦的相撲。在登土俵之前會進行「刻名式」，新橫綱會在日本相撲協會的見證之下，將自己的名字刻上神社境內的「橫綱力士碑」。

位於東京都墨田區龜澤的野見宿禰神社由日本相撲協會管轄。在一年三次的東京本場所開幕之前，協會相關人員固定會到這裡參拜，出現新橫綱時亦會在神前舉行登土俵儀式。

新弟子檢查

在眾多新弟子入門的三月場所，青澀的儲備力士們會穿著一樣的白色短褲接受體檢。常出現在新聞上的這副光景，如今已是春天到來的象徵。

新弟子的條件是身高167cm、體重67kg以上的健康男性

新弟子檢查（正式名稱為「力士檢查」）的時間是在本場所首日的數天前，受檢條件為完成義務教育且未滿23歲的男性，身高須超過167cm、體重67kg以上。不過，三月場所將國中準畢業生的門檻調為165cm以及65kg。至於在協會指定的業餘相撲大會上留下一定成績者，年齡限制可放寬至未滿25歲。

截至二〇一二年的三月場所為止，受檢條件都是身高須超過173cm、體重75kg以上。如今受到少子化與體育項目多元化的影響，新弟子的人數亦逐漸減少，因此不得不放寬門戶。

雖然極少有人不合格，偶爾還是會出現像是已是力士體型的新弟子，血糖值卻過高的案例。這時會要求該名新弟子往後延一個場所，等血糖降下來之後再入門。

新弟子們接受體檢時，會統一穿上親方或師母準備的大尺碼短褲，據說購自力士專用的老字號大尺碼西服店。

健康檢查

二月和八月是健康檢查的月份。力士平時挺著隨便就超過一百公斤的巨大身軀進行嚴苛訓練，為了讓他們變得更強並延長他們的職業生涯，健康檢查非常重要。

抽血用的針頭有時會找不到力士埋在脂肪下的血管

力士的健康檢查在二月和八月，一年2次，地點在國技館的入口大廳或地下一樓的相撲診療所。除了力士之外，行司、呼出等日本相撲協會的每位成員都必須受檢。

檢查項目和一般的健康檢查一樣，包含身高、體重、血液、尿液及血壓等等，必要時也會在這裡幫力士施打預防針。力士個個身材魁武，替他們進行檢查的醫護人員也非常辛苦，有時還會遇到因為脂肪太厚找不到血管、最後只好從手背抽血的情況。據說血液檢查結果優良的力士，每年都會參加日本紅十字會的捐血活動。

另一方面，雖然力士常被認為體脂肪率很高，但他們的平均體脂肪率其實不到35%，甚至有人低於10%，證明他們的身體是由肌肉組成的。

很多力士害怕抽血。有別於場所中的嚴肅表情，有種「力士怕打針的樣子好可愛！」的感覺，讓力士的健康檢查時常成為電視等媒體的關注話題。

稽古總見

五月場所之前，在國技館會舉行對外開放的稽古總見。因為是能夠仔細觀賞珍貴的相撲訓練的大好機會，一早就會湧入大批的相撲迷。

預測力士在本場所的表現，也是一種有趣的觀賽方式

稽古※總見的正式名稱是「橫綱審議委員會稽古總見」，目的是讓橫綱審議委員確認力士在本場所前的訓練成果。過去在每年一月、五月和九月的東京場所前會舉行非公開的稽古總見，直到二〇〇〇年才開始將五月場所前的稽古總見開放給一般民眾參觀（但仍非常態開放）。排名在幕下第十五名以前的每位力士基本上都會參加。因為不用購買門票，時間又正好接近黃金週假期，近來有非常多相撲迷前往國技館參觀練習。

然而稽古總見並不是用來娛樂觀眾的活動，觀賽時禁止為力士加油或是飲用含酒精飲料。即便如此，稽古總見還是包含許多能為本場所觀賽增添趣味的要素，其中一種方式就是在觀賞申合稽古（P128）的同時，試著幫力士的訓練成果評分。

早上七點開場，訓練時間為上午7點半到11點左右。在土俵上進行衝撞稽古及申合稽古。

※ 稽古：指為學習傳統武術或技藝進行的訓練和練習。

行司、呼出和床山的訓練

沒有巡業的二月和六月是呼出、行司及床山的訓練時間，他們傾所有的精力練習太鼓、相撲字還有梳髮髻的技巧。

由前輩指導，讓後輩早日獨當一面

二月及六月沒有本場所或巡業，有些力士會在這時安排婚禮等私人行程，有的部屋則會舉辦合宿練習。不過，對行司、呼出以及床山而言，這是他們可以集中精神、各自練習傳統技藝的時期。

呼出勤於自習太鼓

擊太鼓需要高難度的技巧，練習時呼出大多在國技館內的休息室裡自主訓練。以前同門的呼出還會一起練習，現在則以少人數練習為主。太鼓沒有樂譜，因此一切只能靠自己的耳朵記憶。要做到旁人聽不出差異的程度，聽說需要耗時3～5年。

也有不少新人呼出因為練習過度，導致手腕、手臂疼痛不堪或引發腱鞘炎。即便如此，據說只要持續練習，有天就會突然意識到不用出力、靠著太鼓的反作用力就能順利讓鼓棒動起來的手感。在到達這個

練習地點在保管著太鼓的國技館休息室。呼出時而接受前輩的指導，時而進行個人練習。

教習的上課時間從上午9點半到11點。無法使用行司休息室的時候，則會借用相撲診療所的空間。

境界之前，只能練習、練習再練習！

行司的相撲字從「山」字學起

行司的工作當中，最特別的就數寫相撲字了。除了番付、顏觸（P78），張貼在巡業會場的「小心上方」或「休息室」等標示，還有寫著所有成員的名字、貼在巡業住宿地點的「分房表」等等，都是由行司一筆一畫仔細勾勒出來的。

有些新人會在相撲部屋裡練字，不過每年的二月和六月在國技館的行司休息室（割場）裡進行為期約兩週的「相撲字教習」，才是能專注練習的時機。負責指導的是行司會選出的教習委員以及順利從教習畢業的幕下行司，他們會根據每個人的程度出題，參加者得在第12天寫完交出。第13天是評鑑日，立行司、教席委員還有幕下以下的所有行司會共同出席評分，合格者可以進階到下一個題目，要完成所有課題據說得花上將近十年。

入門後首先要練習寫「山」、「川」，接

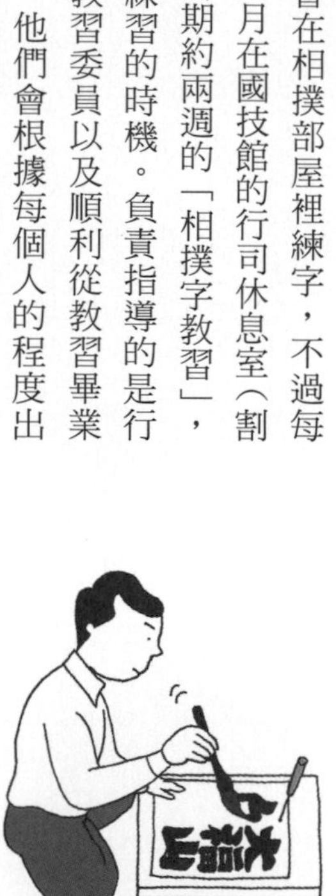

教習的最後一個階段是練習寫顏觸。相撲字為求字體工整，可以在寫好的筆畫上反覆描寫，這點與一般書法有很大的區別。

相撲字

因為具有「希望觀眾座無虛席」這層涵義，相撲字的重點在於盡量減少字與字之間的空隙，基本上所有漢字都要符合正方形的框架。相撲字又稱「根岸流」，這個稱呼是取自代代負責書寫番付的根岸家。

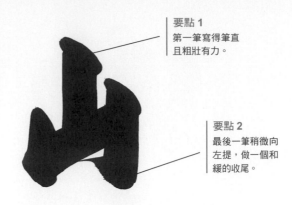

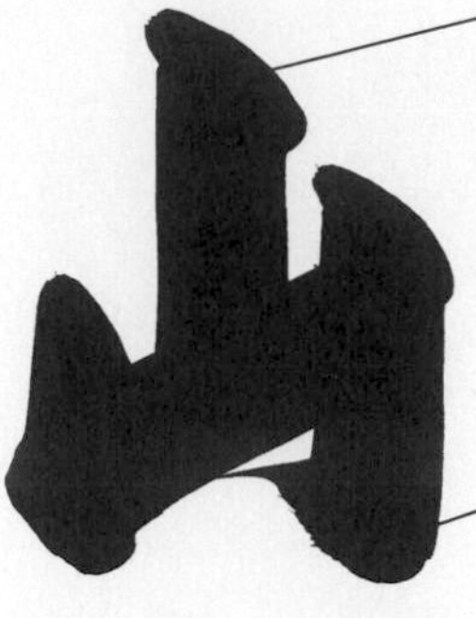

要點 1

第一筆寫得筆直且粗壯有力。

要點 2

最後一筆稍微向左提，做一個和緩的收尾。

著是「海」、「花」、「錦」這些四股名常出現的漢字，以及寫在番付正中央的「蒙御免」（P107）三個大字。之後才會進階到練習寫力士的四股名、卷（P79）、番付以及巡業等處張貼的告示。剛入門時，每天要花一個半小時，整整11天不停埋頭苦寫「山」、「川」二字，簡直就像在修行。

從教習畢業之後，行司便能以「先發書記」（P118）的身分參加巡業，也會被視為獨當一面的行司，開始被安排工作。

想綁好大銀杏就只能實際演練！

床山的研修一年有3次，分別在二月、六月和九月。不過九月研修有時會因為巡業的關係而停辦，因此主要是在二月及六月，以門派為單位在國技館的力士休息室裡練習綁大銀杏。

綁大銀杏的訣竅在於「搓散」（もみ）與「紮根」（根揃え）。「搓散」這個步驟是先用濕毛巾將頭髮打濕後仔細搓揉。據說就算是容易亂翹的髮質，靠著這個技巧也

正式成為行司後，便可做為先遣小組的書記參加巡業，還會被交付寫板番付（寫在木板上的番付表，置於各會場的入口附近）的重責大任。

由幕下力士協助充當模特兒。因為有好幾位床山一起練習，力士必須反覆承受頭髮被拉扯或是梳好大銀杏後又鬆開的情況，非常辛苦。

能夠被梳得服服貼貼；下一個步驟是「紮根」，這裡的「根」指的是一開始固定髮髻的位置，以大銀杏來說，訣竅在於綁得比髮髻稍高一點。如果根紮得太低，就無法從正面看到大銀杏，但若是太高又會前傾破壞平衡，最剛好的位置是讓大銀杏差不多落在耳朵上方。順帶一提，雖然用到的機會不多，不過床山還有一項稱為「中剃」（中剃り）的技巧，做法是用推剪幫髮量太多的人剃掉頭頂上的頭髮，就像河童頭上的盤子一樣。不過因為還要考慮到髮髻鬆開後或是進行激戰後的外貌，下手之前必須和力士本人好好商量。

即便是經驗豐富的床山，技術不足就永遠沒有梳大銀杏的機會。反之，只要技術到家，就算經驗尚淺也能獲得梳頭的機會。想要提升技術就只能仰賴實際練習，據說有的床山為了早點學會大銀杏，會以請客作為代價，讓部屋裡的力士當自己的練習模特兒。

使用元結（P39）綁頭髮時，牙齒必須咬住其中一側用力拉緊。新人會拿毛巾來練習。

大銀杏的綁法

1 鬆開頭髮，以濕毛巾將頭髮打溼後拉直，再用梳子梳整。仔細完成這個名為「搓散」的步驟是做出美麗大銀杏的關鍵。

2 取一些髮油在手掌上推開，一邊抹在頭髮上一邊梳理。髮油不是液態而是固態的，雖然和髮量也有關係，但一次的用量大約等於一顆小鋼珠。

3 將頭髮抓成一束，決定「根」的位置。

4 決定好之後便綁上元結。

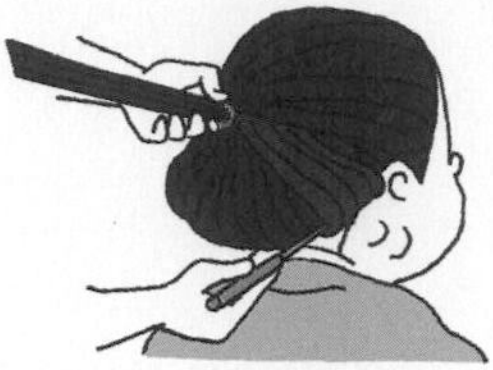

5 稍微將元結往下推，做出蓬鬆感，並使用髷棒從內側勾出「鬢」。

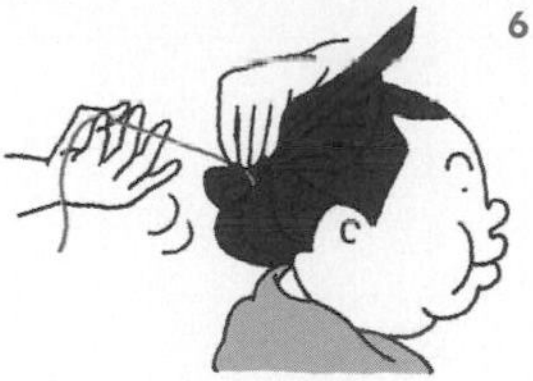

6 把髮髻朝上反折，在4的同一位置再次綁上元結。

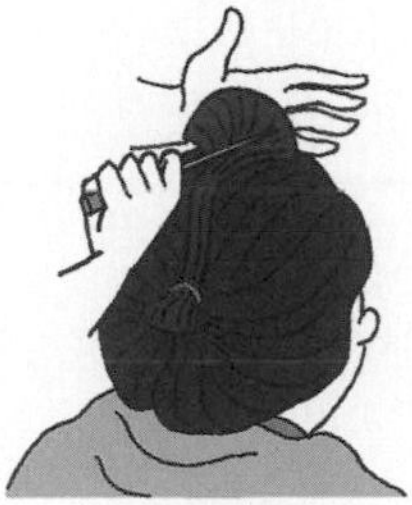

7 做出大銀杏。為了讓大銀杏的髮量均勻分布並呈現完美弧形，必須同時用手和髷棒小心翼翼地固定。

8 最後再用手調整整體平衡，完成！

與力士相見歡的活動

例如撒豆子、搗年糕，從季節儀式到特別活動，一年中有許多見到力士的機會。

鎖定每年定期舉辦的活動

除了巡業和花相撲外，還有其他不需大費周章也能近距離與力士交流的活動，節分例行的撒豆子就是一例。力士被視為驅邪及具有超凡力量的象徵，因此常受邀參加神社或寺院舉辦的撒豆活動。

另外也推薦每年四月的「兩國熱鬧祭典」。活動主要集中在國技館通，但如果想見到力士的話還是要走進國技館。這裡不但有力士販賣自家部屋特製的相撲火鍋，有些攤位上還能圍上腰帶和力士一決勝負（不論大人小孩，只要是男性皆可報名），有機會的話還能請行司用相撲字寫自己的名字。而國技館的「後台導覽」能夠參觀休息室等平時無法進入的幕後空間，雖不是年年舉辦，但每一次都吸引大批遊客，盛況空前。

此外，每年五月的黃金週連假在練馬區的光丘公園櫸樹廣場會舉行「蒙古春祭」（Хаврын баяр），為蒙古的慶典。蒙古籍的

撒豆子

有時力士會受邀至和部屋有來往的神社參加撒豆活動。他們撒出的豆子可謂「福豆」。

兩國熱鬧祭典

國技館後台導覽

在力士休息室裡可以看到為力士訂製的巨大馬桶；土俵周邊的解說有時會由親方親自上陣。

＊非常態舉辦。

相撲火鍋

力士會親自為客人服務，和他們的互動也非常有趣。

力士也經常私下過來參與，運氣好的話，也許能夠就近看到他們也說不定。會場裡不但能欣賞蒙古摔角和他們的音樂、舞蹈表演，還可以大啖蒙古美食。

也別放過僅此一場的特別活動！

在過去，日本相撲協會曾與豪華郵輪合作推出「大相撲郵輪之旅」。與當紅力士一起搭乘豪華郵輪，一邊享用相撲火鍋、一邊欣賞相撲甚句或決手的示範演出，與力士共度的豪華行程在當時大受好評。

除此之外，有單位還曾經安排走遍各相撲部屋的參觀晨練之旅。歲末年初時，力士還會在部屋所在地區的活動上搗年糕。力大無窮的力士所搗出來的年糕，想必是非常美味吧！

上述這些訊息大多公布在相撲部屋的官方網站，務必上網看看！

郵輪旅遊

與力士一同朝著大海出發！之前曾推出遊輪之旅搭配本場所枡席（P66）的套票。

蒙古春祭

可以看到蒙古力士放鬆享受慶典的模樣。

column
專欄

夢幻的大相撲場所

相撲彩券、夜間相撲和後樂園？只出現過一、兩次就消失，夢幻場所的真面目！

在悠長的大相撲歷史中，發生過的事不及備載。不過一九四五年前後到一九五五年這段期間，相撲界有許多特殊的嘗試。

一九四六年，至今仍在發行彩券的第一勸業銀行（當時為日本勸業銀行）在兩國舊國技館的秋場所上，開始販售相當於「相撲彩券」的商品。買家下注的對象不是力士，而是當天前三精采的比賽由哪一方勝出，例如東方三勝，或是東一勝、西二勝等等。接著再以彩券抽獎的方式從猜對者中抽出贏家。一張相撲彩券的價格是十圓，以當時電影票要價四圓五十錢的程度來看，可說是相當驚人。不過「相撲彩券」只賣了一個場所就宣告結束了。

一九五一年及一九五五年曾舉行夜間大相撲。一九五一年的五月場所辦到晚上7點半才收場，而且似乎受到好評，在一九五五年的九月場所又辦了一次，這次將收場時間推遲至晚上8點。不過，考慮到遠道而來的觀眾回不了家、對習慣早起的力士來說太吃力等等理由，夜間大相撲就此成為絕響。

而戰亂中的一九四四年，大相撲竟然將會場移師後樂園球場！這是因為舊國技館當時被用作軍需工廠，實在不得已才將大相撲改辦在後樂園球場。土俵就搭在球場上，觀眾則在球場甚至是看台上觀賽。「這樣看得到嗎……？」雖然忍不住浮現這樣的疑問，但在那個缺乏娛樂的戰爭時代，據說多的時候曾有大約6萬人進場觀賽，盛況非凡。

第3章 初學者和相撲迷都看過來！本場所觀賽指南

本章要介紹的內容從購票方式、決手等觀賽基本知識，到依不同目的行程排法、電視轉播看不到的現場觀賽有趣之處，還有掌握力士動線的會場地圖等，滿滿都是實用資訊！

購票①

如何買票？

觀賞相撲比賽的第一步是買票。過去的售票事宜是由相撲案內所一手包辦，現在增加了許多售票平台，能透過各種管道買到門票。

除了電話和網路，亦可在便利商店購得門票

觀賞相撲賽事經常給人門檻很高的印象，之所以如此，或許是受到「不是熟客的話根本買不到票吧？」或是「票價很貴吧？」這些刻板印象的影響。

的確，早些時候因為不像現在這樣有網路又有超商，售票事務是由相撲案內所一手承包。不過，現在的售票窗口越來越多，大相撲門票在日本相撲協會官方的「Ticket 大相撲」（網路或電話）、日本全國的便利商店（實體店面）、各家售票系統（「Ticket PIA」、「e+」、「LAWSON Ticket」等；網路、電話或實體店面）或是各會場的售票口均有販售。

可以最快搶到票的 Ticket 大相撲

在眾多購票管道中，可以最早買到票的就是 Ticket 大相撲的預售票。預售票只能透過網路抽籤，在 Ticket 大相撲上註冊

預售票時間表（以 2017 年為例）

場所	預售票販售期間	一般售票開賣日	本場所首日
一月場所	2016 年 11 月 13 日～11 月 28 日	2016 年 12 月 3 日	1 月 8 日
三月場所	1 月 8 日～1 月 23 日	2 月 5 日	3 月 12 日
五月場所	3 月 12 日～3 月 27 日	4 月 8 日	5 月 14 日
七月場所	5 月 14 日～5 月 18 日	5 月 25 日	7 月 9 日
九月場所	7 月 9 日～7 月 24 日	8 月 5 日	9 月 10 日
十一月場所	9 月 10 日～9 月 25 日	10 月 7 日	11 月 12 日

便利商店
如日本的 7-Eleven、全家、Circle K Sankus、LAWSON、MINISTOP 等等。

網路
Ticket 大相撲（http://sumo-ticket.jp/）、相撲案內所、Ticket PIA、e+、LAWSON Ticket 等售票平台。

電話
Ticket 大相撲（0570-02-9310）、相撲案內所 、Ticket PIA 或 LAWSON Ticket。

並於期間內完成登記後，被抽中的話就能順利購得門票。在本場所首日的兩個月前左右就會開始開放登記，詳細時間請參考 Ticket 大相撲的網頁。

一般售票的開賣時間是在本場所首日的一個多月之前。近幾年受到相撲熱潮的影響，曾經發生所有賽程的門票開賣即秒殺的情況，導致在稍晚開賣的國技館售票口前排隊的民眾買不到票。因為這個緣故，從二〇一七年的九月場所開始，國技館售票口便停止售票，但地方場所的門票仍可自各會場的售票口購得（上述資訊截至二〇一七年九月）。

此外，相撲案內所裡的某些店鋪在一般售票開始後也會開放網路或電話購票。如果想感受相撲的獨特氛圍，建議透過相撲案內所買票。

各場所的售票時間都會公布在日本相撲協會的官方網站上。

溜席的門票
溜席（P66）不同於其他票種，購票的管道有限。特別要注意的是東京的一月、五月和九月場所不開放一般售票，只能透過電話參加抽票。

氣氛絕佳的「相撲案內所」

和售票系統相同價格，還附贈各種特別服務，享受成為相撲專家的感覺！

通稱「相撲茶屋」的「相撲案內所」從還沒有網路售票系統的年代開始，就一直擔任販賣相撲票券的窗口。一九〇九年，第一代國技館在回向院境內落成，相撲案內所也在這個時候出現。當時共有20家櫛比鱗次，將長屋的一樓當作店鋪，二、三樓則是一般住家，目前各茶屋所使用的編號便是來自當時的排序。一九五七年，東京的相撲案內所合併成一間名為「相撲Service」的公司（現名國技館Service），除了售票之外，還設計在國技館販售的周邊商品，並經營負責販售的商店。烤雞肉串和餡蜜等國技館名產、力士便當以及相撲部屋的特製相撲火鍋，這些也全都是由「國技館Service」製作販售的。

國技館的相撲案內所會在一般售票開始後提供網絡或電話購票服務，票價與售票系統相同。門票會和禮品成套販售，不過也可以選擇單獨購買門票或禮品，這種提供禮品的機制據說是因為過去常有人招待客人觀賞相撲。在大阪及名古屋也有幾間相撲案內所，不過因為是個人經營，各家的售票方式不盡相同；福岡則沒有相撲案內所。

至於使用相撲案內所的樂趣，在於可以從有別於一般入口的「御茶屋通」進入會場，穿著裁著袴（P34）的出方會引導客人入座，並在途中簡單介紹國技館，讓客人體驗傳統的相撲氛圍。

包含瓷器、便當、茶、酒、烤雞肉串或甜點的禮品組。雖然知道的人不多，但其實禮品的內容是可以自由調整的，例如不要瓷器、多放一點食品等。

單手提著茶壺的出方會為客人帶位。出方在過去是指有售票權的人，負責帶位的則稱為「若眾」。順帶一提，大部分的相撲茶屋是由力士之妻作為副業經營。

相撲茶屋安排的枡席設有茶具，托盤上有茶屋的編號。雖然沒有硬性規定要給小費，但若要給的話可以選在這個時機，或是在出方過來服務的時候，以每次五百日圓的方式分成四、五次交給他。

出方會幫忙將客人點的飲料等送到座位上，當然，價格與商店相同，公道合理。此外，他們還供應場內商店沒有的瓶裝啤酒，開瓶器就綁在枡席的護欄上。

購票②

座位種類與票價

溜席可以感受到飛濺而出的汗水、沙塵或力士本人，魄力十足；枡席採用日式坐墊的座位設計；椅子席則位於二樓。座位的種類相當多元，票價也各不相同。

採鉢形設計的觀眾席，三百六十度零死角觀賽體驗

本場所一年共6場，東京的國技館是唯一一座相撲專用場地，大阪和名古屋使用體育館，福岡則是在舉辦各式展覽或演唱會的展演中心進行相撲比賽。

國技館的一樓中央是土俵，鄰接土俵的是又名「沙瀑席」（砂かぶり）的溜席，接著是分成A、B、C三區的枡席以及最外側設有桌椅的包廂。二樓則是柔軟並附側桌的椅子席A、同等座椅但無側桌的椅子席B、無側桌且坐墊偏硬的椅子席C和最後排的自由席（當日票）。國技館的特徵是不只擁有可容納一萬一千人的大容量，還能確保每個座位上都看得見土俵。

地方場所的會場也各有特色

地方場所的會場基本上採相同架構，土俵所在的樓層設有溜席與枡席，平常是站席的區域則設為椅子席，大阪還使用了大

枡席A～C

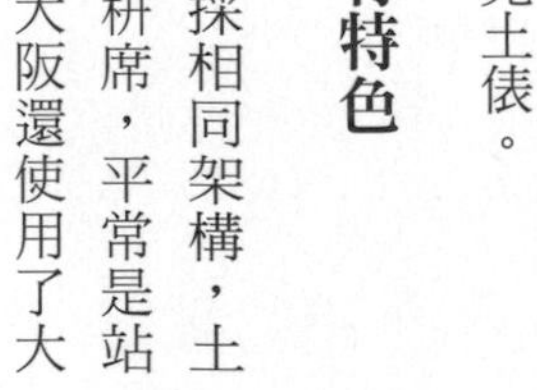

枡席（以國技館為例）

基本為4人座，長寬都是1.3公尺。另外還有小一點的2人座，以及提供給家庭或銀髮族的6人座。

椅子席A

椅子席A（以國技館為例）

寬敞的椅背坐起來十分舒適，因為附有側桌，吃便當的時候也很方便。與前排有足夠的高低差，可以清楚看見土俵。

折疊式的側桌上還設有杯架。

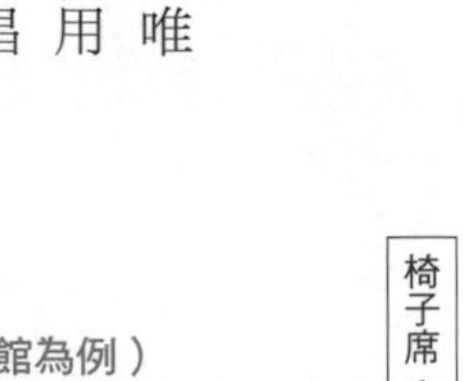

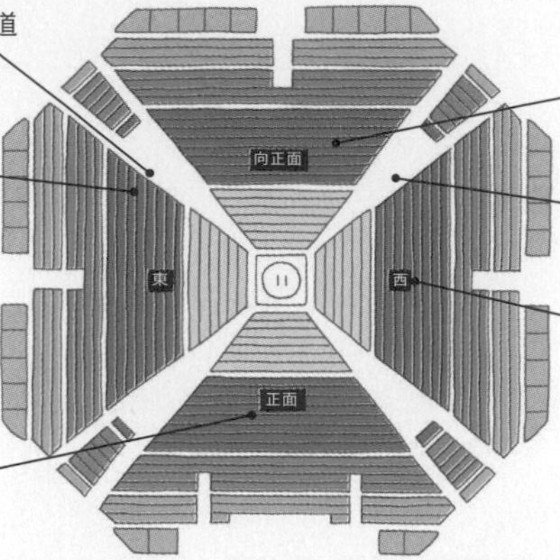
東花道
電視轉播的另一個播報席在向正面的西側靠前。或許還有機會見到某位解說員。
花道旁的位子是連力士的呼吸聲都能聽見的特等席。
西花道
西區靠近力士入場的專用入口，適合想等待力士進出的觀眾。
與電視轉播的視角相同。播報席位於中後側，或許能見到知名的親方或來賓。

相撲獨家設計的座墊。大阪和名古屋的會場因為是體育館，空間呈長方形，特徵是東西向較窄，因此就算是椅子席也離土俵很近。不過長方形空間的缺點在於東、西兩端角落的座位與土俵之間的角度非常傾斜，但票價也因此比較便宜，是值得下手的選擇。另一方面，福岡的會場接近正方形，風格類似國技館。

各個會場也會規畫種類豐富的特殊票券，例如可以和親方合照、讓力士抱著小孩拍照或是附上伴手禮等等，用一樣的價格就能獲得其他好康，非常值回票價。

與轉播相同視角的座位在正面

相撲會場的座位涵蓋三百六十度，四個區塊分別稱為正面、向正面、西及東。在電視上看到的相撲轉播是從正面拍攝，而東、西和向正面靠近兩側花道的溜席或枡席，能就近看見相撲力士。

基本票種與票價

（以國技館 2017 年 9 月的資料為例）

溜席	14,800 日圓
枡席 A 區	11,700 日圓
枡席 B 區	10,600 日圓 *
枡席 C 區	9,500 日圓 *
枡席 C 區（2 人座）	19,000 日圓
椅子席 A 區	8,500 日圓
椅子席 B 區	5,100 日圓
椅子席 C 區	3,800 日圓
自由席（當日票）**	2,200 日圓

*購票時須以枡為單位，表格內的價格為單人票價。
**4 歲～ 15 歲的兒童，票價 200 日圓。

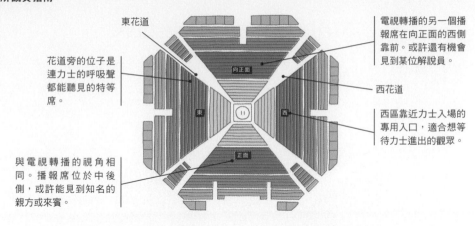

本場所四大會場的座位表

東京・國技館

（一月場所、五月場所、九月場所）

1F

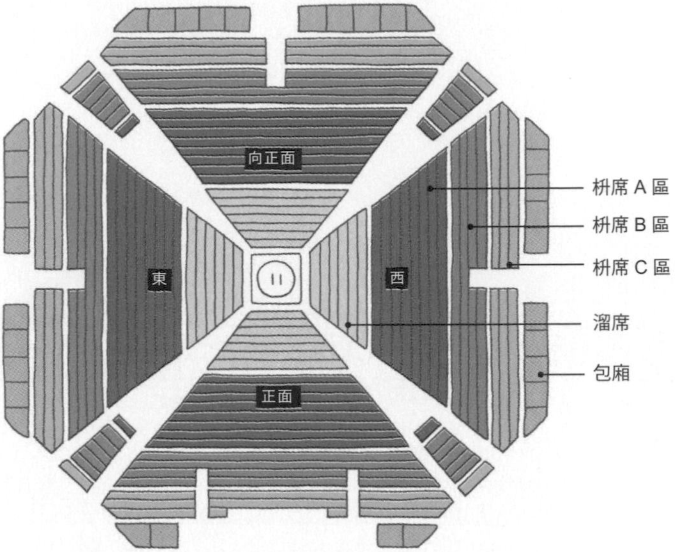

2F

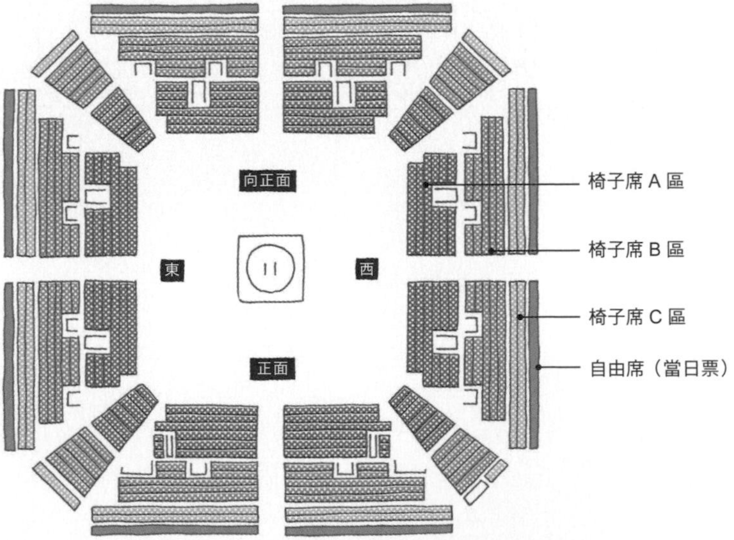

＊票價請參考 P67。

大阪・大阪府立體育會館
（三月場所）

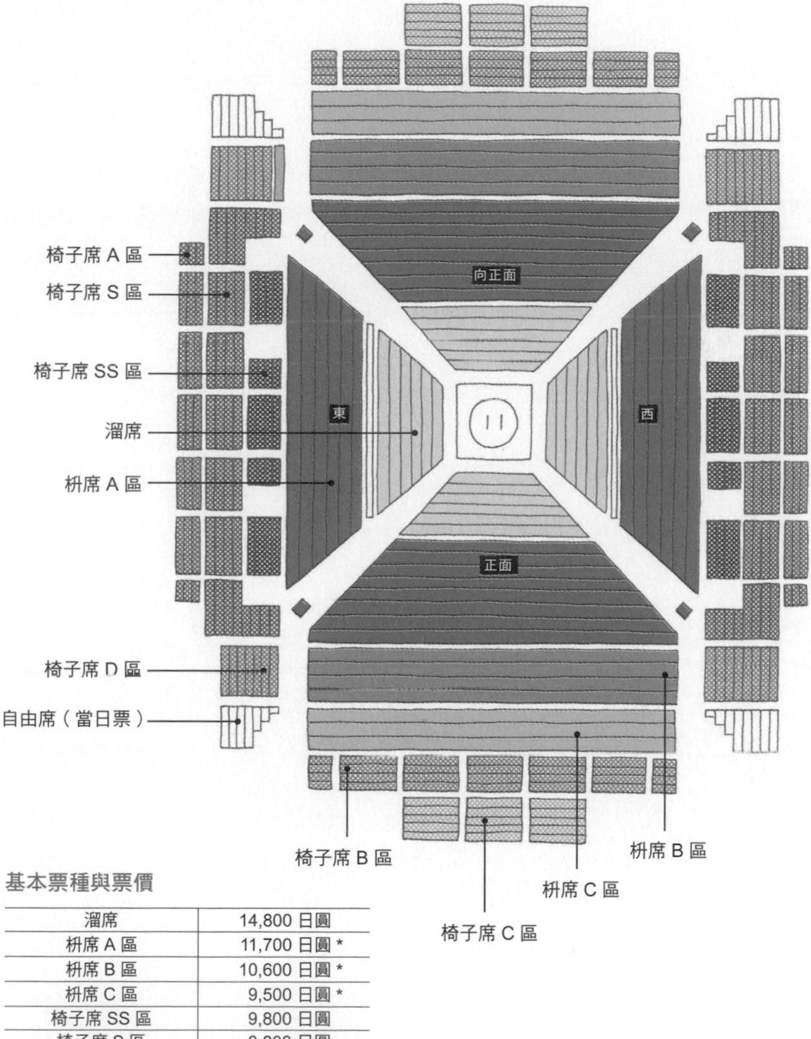

基本票種與票價

溜席	14,800 日圓
枡席 A 區	11,700 日圓 *
枡席 B 區	10,600 日圓 *
枡席 C 區	9,500 日圓 *
椅子席 SS 區	9,800 日圓
椅子席 S 區	8,800 日圓
椅子席 A 區	6,900 日圓
椅子席 B 區	5,600 日圓
椅子席 C 區	3,800 日圓
椅子席 D 區	3,100 日圓
自由席（當日票）**	2,100 日圓

（以 2017 年 3 月的資料為例）
* 購票時須以枡為單位，表格內的價格為單人票價。
** 4 歲～ 15 歲的兒童，票價為 200 日圓。

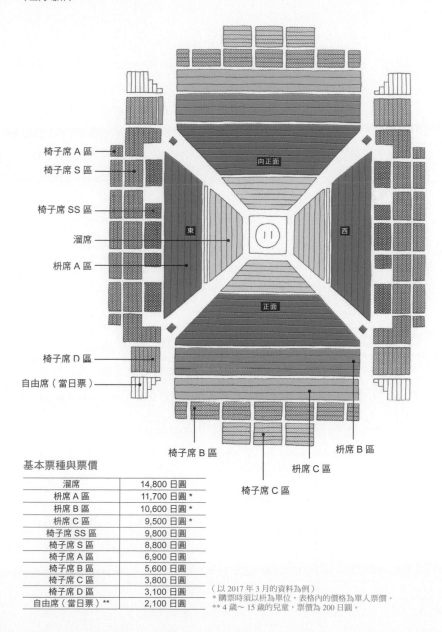

名古屋·愛知縣體育館

（七月場所）

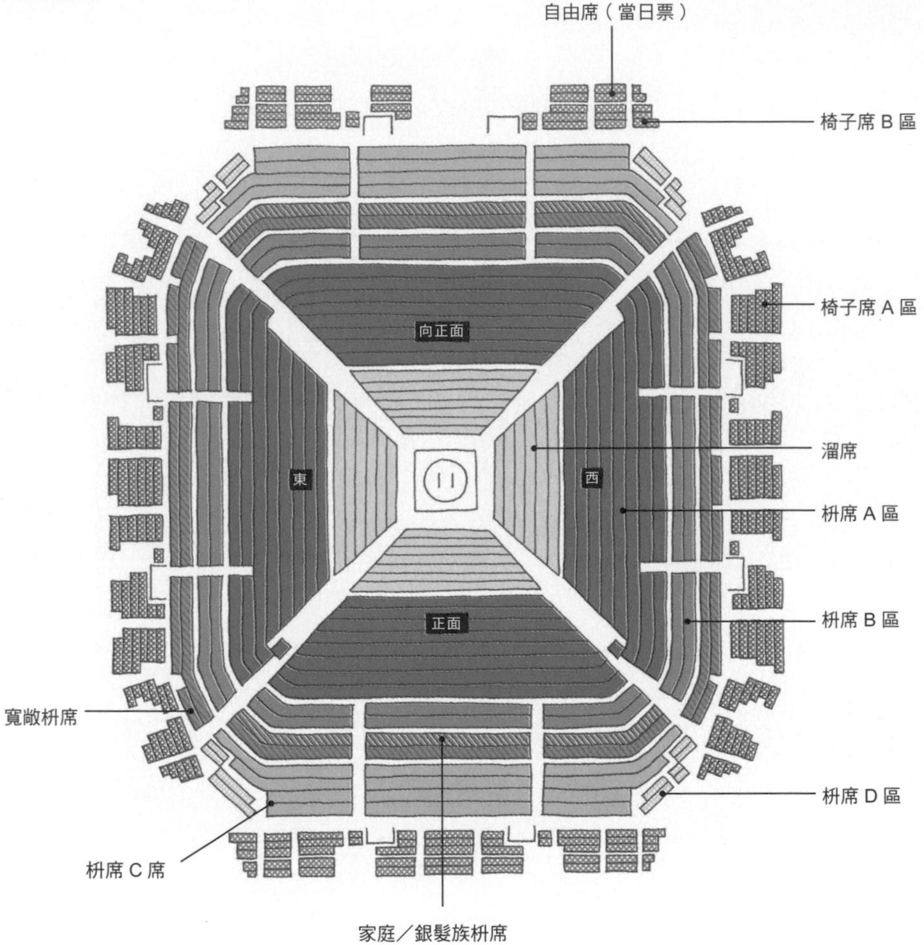

基本票種與票價

溜席	14,800 日圓
枡席 A 區	11,700 日圓 *
枡席 B 區	10,600 日圓 *
枡席 C 區	9,500 日圓 *
枡席 D 區	7,500 日圓 *
家庭／銀髮族枡席	24,800 日圓
椅子席 A 區	4,900 日圓
椅子席 B 區	3,300 日圓
自由席（當日票）**	2,900 日圓

（以 2017 年 7 月的資料為例）
* 購票時須以枡為單位，表格內的價格為單人票價。
** 4 歲～ 15 歲的兒童，票價為 200 日圓。

福岡・福岡國際中心

（十一月場所）

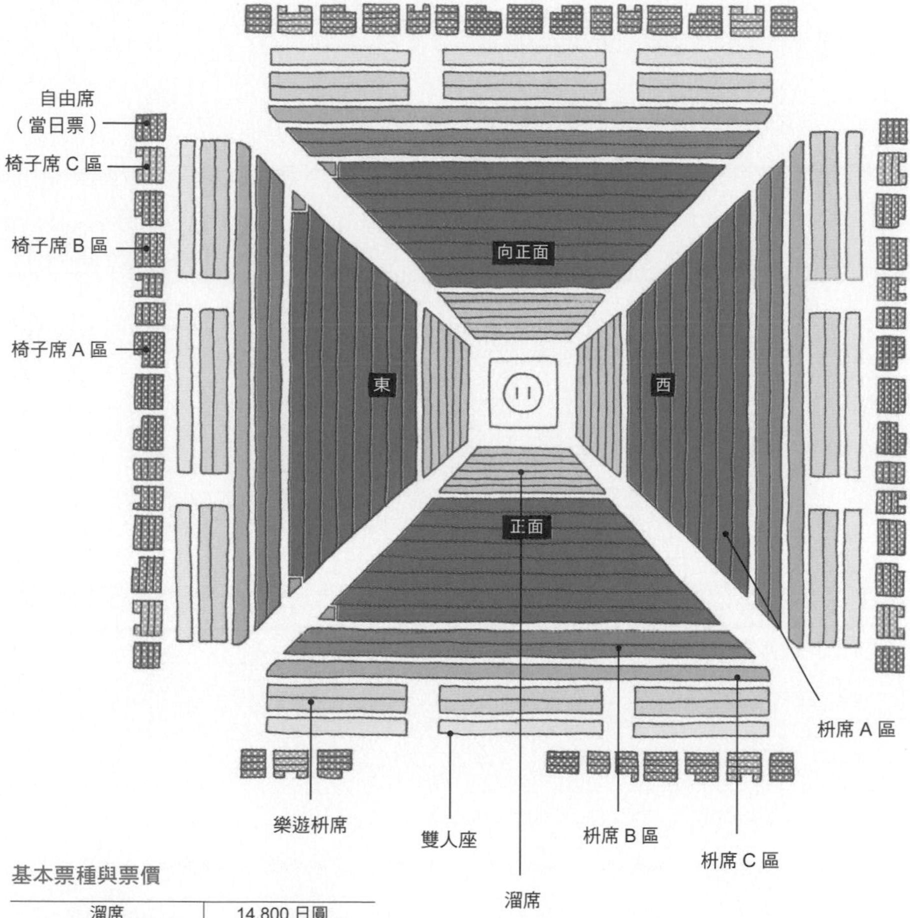

基本票種與票價

溜席	14,800 日圓
枡席 A 區	11,700 日圓 *
枡席 B 區	10,600 日圓 *
枡席 C 區	9,500 日圓 *
樂遊枡席	9,500 日圓 *
雙人座	9,500 日圓 *
椅子席 A 區	4,900 日圓
椅子席 B 區	3,200 日圓
椅子席 C 區	2,300 日圓
自由席（當日票）**	2,100 日圓

（以 2017 年 9 月的資料為例）
* 購票時須以枡為單位，表格內的價格為單人票價。
** 4 歲～ 15 歲的兒童，票價為 200 日圓。

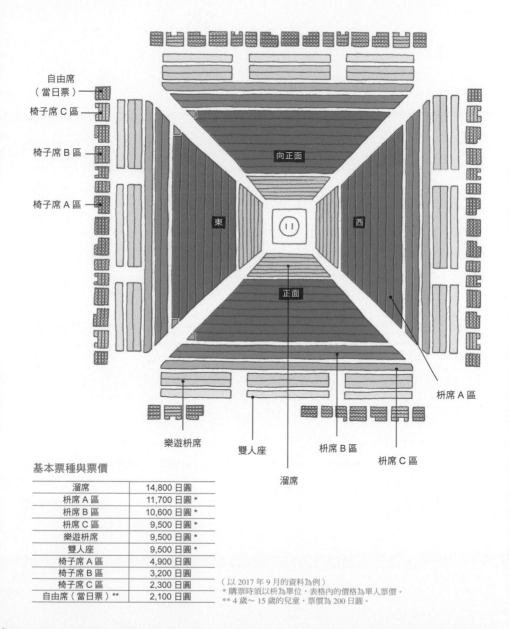

購票③

該挑哪一天去？

相撲在不同階段會有不同的觀賽方式與各種比賽之外的樂趣。找出自己感興趣的部分，試著擬定觀賽計畫吧！

不只熱門的首日、中日及千秋樂，前半段和後半段也各有樂趣

相撲每天都有不一樣的賽程，買票的時候無從得知當天的比賽規劃。那麼，該買哪一天的票才好呢？在此分享一些選擇日期的要點，不過正巧有其他安排的話自然就沒辦法了。

鎖定有特別節目的日子——15天的賽期中，首日、中日（第八天）和千秋樂（最終日）有當天限定的節目。首先是「協會致詞」，協會理事長在首日和千秋樂會率領橫綱、大關、關脇及小結的力士站上土俵，通常安排在十兩賽事剩最後三場的時候。

中日有「新序出世披露」（P21），若想早一步發掘新人力士，就絕對不能錯過這個節目，一般在三段目比賽中間的空檔進行。最後是千秋樂，除了決賽和頒獎典禮等優勝相關節目之外，還有和首日一樣的「協會致詞」，而「三役齊踏」是在「接下來為三役」，也就是剩下最後三場比賽時，

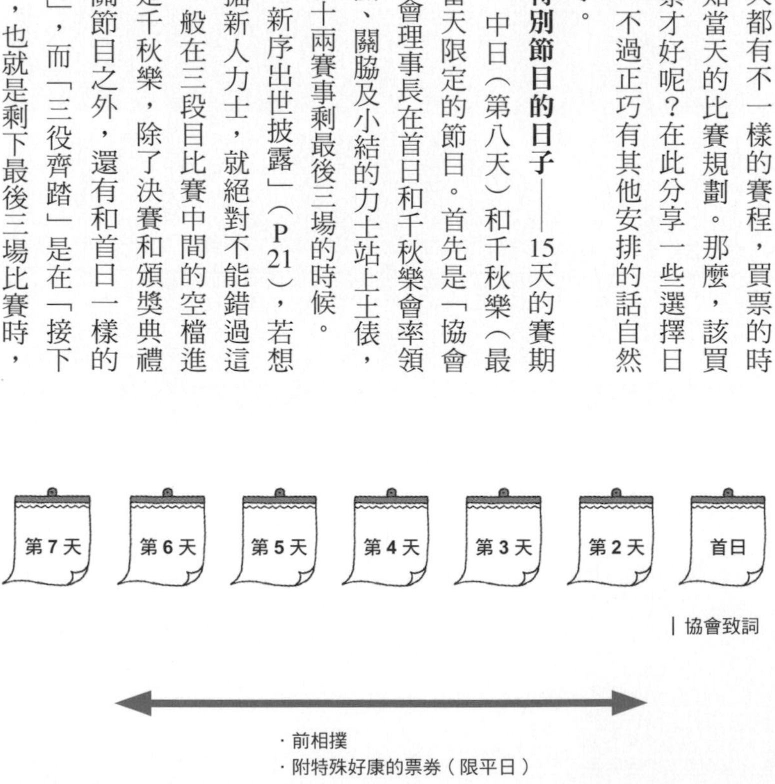

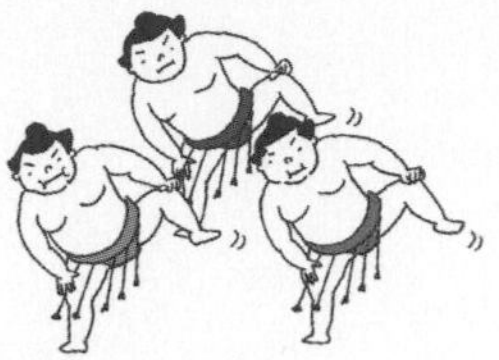

三役齊踏

從東側力士開始，接著換西側力士。整齊劃一的動作十分精采。

新序出世披露

新序 ※2 穿著向師兄或親方借來的化妝腰帶，模樣相當青澀。

協會致詞

理事長致詞後，會依照正面、東、向正面、西的順序行禮。

三役力士※1會一起登上土俵表演四股。頒獎典禮之後，還會舉行將土俵上的神明送回天上的「送神儀式」（P111）。

前半和後半的不同觀賽樂趣——過了中日之後，累積勝場數領先以及有機會奪冠的力士差不多開始浮上檯面，想看這種緊張刺激的比賽，就要買後半段的門票。不過，後半段常有力士會因為受傷等因素棄賽，力士陣容齊全的就只有前半段。此外，前相撲（P20）也安排在前半段。近期廣受歡迎的是前半段的平日限定特別票券，可以和親方合照，或是擇日請力士抱著小孩拍照等等，物超所值。

除此之外，還有一個比較瘋狂的建議，如果方便多去幾天的話，推薦分別挑奇數日和偶數日前往觀賽。之所以這麼說，是因為幕下以下的力士在一次場所只會有7場比賽，因此他們不會每天出賽，通常會間隔一天。如果有喜歡的力士屬於幕下以下的位階，在奇數日和偶數日都到場觀賽的話比較有機會見到他們。

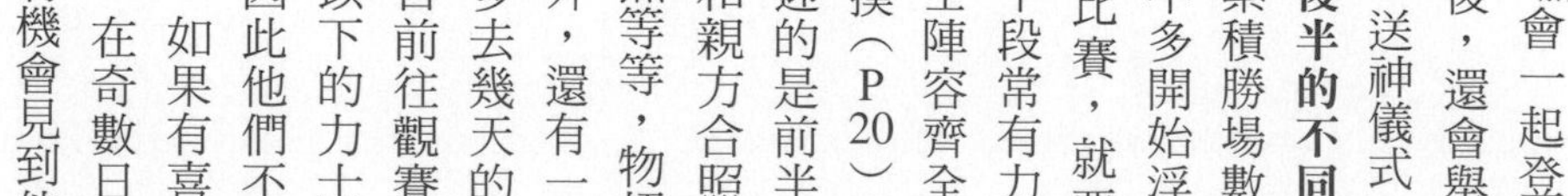

協會致詞
三役齊踏
決賽（遇雙方同分時）
頒獎典禮
冠軍訪問等
送神儀式

新序出世披露
（三月場所時間有異）

關注累積勝場數領先或是有機會奪冠的力士

※1 這裡的三役力士不論階級，指的是即將進行最後三場比賽的力士，東、西各三位，總共六位，通常包含橫綱。
※2 新序：在前相撲初期取得優秀成績的新人力士。在「新序出世披露」上，這些新人會穿著前輩的化妝腰帶登上土俵接受唱名，讓觀眾認識他們。

觀賽當天的行程表

相撲比賽從早上8點半開始，該幾點到會場總是讓人猶豫不決。在此根據不同目的，試著為讀者擬定了觀賽當天的行程表。

比賽以外的樂趣也很多！找出適合自己的行程安排

電視上的相撲轉播是從下午1點開始，但其實比賽從早上8點半到下午6點是一場接著一場，幾乎沒有停歇。初次觀賽的人或許會猶豫該幾點進場比較好，每個人又是為了什麼來到本場所的呢？在此為各位介紹針對不同目的設計的行程表範例。

推薦給相撲初學者的標準方案，是以觀賞十兩和幕內比賽為中心，算準下午2點過後的十兩登土俵儀式再進入會場即可。

想全力觀賽的相撲迷方案，則是一早入場聽8點的寄太鼓（P36）開場，從序之口的比賽開始，盡情觀賞每一場賽事。

至於想拉近與力士之間距離的人，可以參考將焦點放在等待力士進出場的追星族方案，鎖定十兩、幕內力士的進出場時間。

而最後的享樂方案旨在暢遊國技館裡的各項設施，例如拍貼機、拍照立牌或是扭蛋等等，推薦在人比較少的上午進場。

依目的設計的行程提案

國技館除了比賽之外還有許多樂趣，
例如與力士交流、美食、購物或是娛樂設施，選擇多得令人眼花撩亂。
以下介紹依不同目的設計的 4 個方案。

各方案的重點時段

	節目
8時	開場
	序之口比賽
9時	序二段比賽
10時	
11時	三段目比賽
12時	
13時	幕下比賽
14時	
	十兩登土俵
	十兩比賽
15時	
	幕內登土俵
16時	橫綱登土俵
	幕內比賽
17時	
18時	散場

標準方案	相撲迷方案	追星族方案	享樂方案
為了在下午2點15分左右的十兩登土俵開始前入座，大約1點抵達會場。在商店買個便當、逛逛紀念品或是到地下室的大廳品嚐相撲火鍋，算算時間就差不多了。	從觀眾還只有小貓兩三隻的時候開始盡情觀賞比賽。尋找幕下以下的潛力股，或是看著新人行司、呼出成長也一種樂趣。上午空蕩蕩的會場與電視上的國技館相比，又是不同的氛圍。	十兩力士會在12點左右進入會場，這時要到等待力士進出場的等候區待命。十兩力士都進場之後接著換幕內力士，就這樣等著等著，結束比賽的十兩力士便會走出會場。因為幾乎不會坐在位子上，購買便宜的門票或許是個好方法。	可以和幕內力士合照的拍貼機以及扭蛋機每到下午就會大排長龍，要去就要趕在中午之前。受歡迎的立食壽司「雷電」同樣得在開門後馬上過去。（會場詳細介紹請參考 P100～）

觀賽重點①

本場所的最大亮點！登土俵

圍上華麗的化妝腰帶，關取全員上場表演登土俵。這個儀式就好比歌舞伎的顏見世，也是絕佳的拍照時機。

登土俵濃縮了相撲的儀式之美，也別錯過力士的細部動作

當十兩及幕內登土俵時，橫綱以外的關取會分成東、西兩組，依序登場。配合呼出擊柝的聲音，力士們在行司的帶領下走上土俵，這時場內廣播會介紹他們的四股名、出生地與部屋名稱。待所有力士都站上土俵，他們會先拍一次手再舉起右手，接著輕輕提起化妝腰帶，最後雙手高舉擺出萬歲。這些動作是將「塵手水」（P82）、「三段架式」與「四股」簡化而成。

橫綱登土俵會由同部屋或同門的力士擔任露拂和太刀持（太刀持的番付比露拂高），橫綱率隊走上土俵，先在二字口（P112）的位置進行塵手水，接著走到土俵中央拍手並踏出四股，最後一邊緩緩挪動腳步、一邊挺起背脊。這個起身的動作是儀式中最精采的部分，分為雲龍型和不知火型兩種型態。之後橫綱會再踏兩次四股，接著回到二字口，做出塵手水後走下土俵。

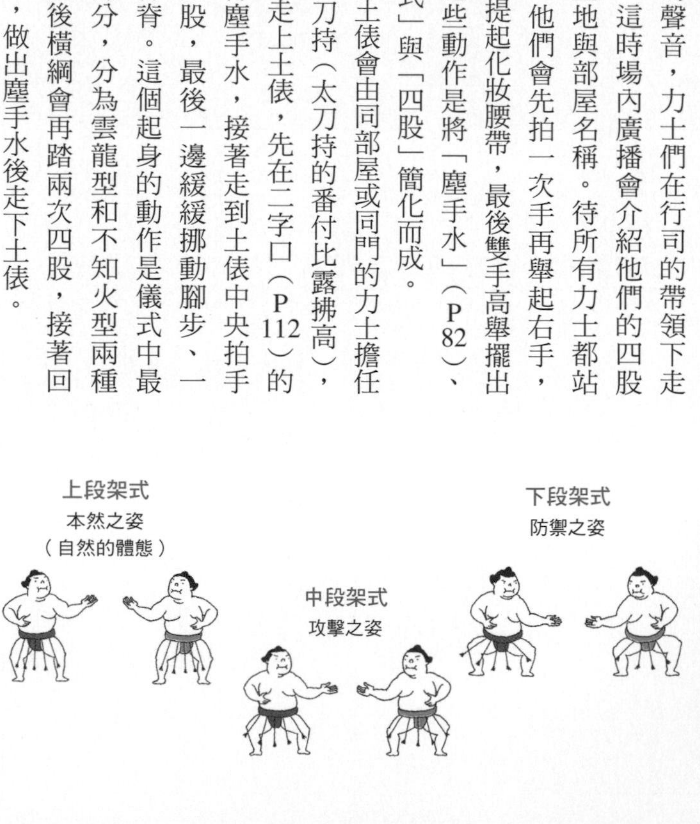

三段架式

由2名位階最高的力士遵循古法演繹。近年進行三段架式的場合是在1985年的國技館落成典禮及2016年的「大相撲beyond2020」，負責表演的力士分別為北之湖、千代之富士與日馬富士、鶴龍。

十兩、幕內登土俵

幕內登土俵共有近 20 位力士在土俵上圍成一圈，行司會蹲在中央轉動軍配的房。據說這個動作象徵驅除穢氣。

橫綱登土俵

在土俵中央踏下四股後緩緩起身的姿勢分成兩種，其動作和名稱分別來自第十代橫綱雲龍以及第十一代橫綱不知火所表演的優美登土俵。

雲龍型

左手放在側腹，右手伸向斜前方的姿勢代表攻守兼顧。綁在身上的橫綱是一個大繩圈。

不知火型

雙手向左右張開的姿勢代表進攻。現在的動作據說是來自第二十二代橫綱太刀山。橫綱（綱繩）上有兩個繩圈。

觀賽重點②

賽程編排

原則上是安排番付相近的力士對戰。然而當關係到冠軍爭奪戰時，也有機會出現跨番付的精采比賽。

審判部的親方會在前一天的取組編成會議上決定賽程

每天的相撲賽程是由取組編成會議決定，除了審判部的親方，行司也會以書記的身分出席。本場所首日及第二天的比賽會在首日的兩天前、第三天以後的幕內比賽會在前一天上午、千秋樂的比賽則是在第十四天幕內比賽的上半場結束後決定（幕內以下的賽事並不是每天都有，故編成會議為兩天一次）。

基本上，會由同階級且番付相近的力士對戰，展開依部屋區分的循環賽。也有跨階級的比賽，例如事關奪冠時下位力士會對上位力士；或同級的力士人數為奇數、不成對時，也會由幕內的下位力士出戰十兩的上位力士。而在「本割」（P106）戰上，不會讓同部屋或不同部屋、但有親戚關係（四親等內）的力士進行比賽。

行司會將取組編成會議排定的賽程，記錄在被稱為「鼠判」的卷軸型稻和紙上，

顏觸言上

「顏觸」（顏触れ）上寫有隔日出賽力士的四股名，行司會一面展示顏觸一面以口頭宣讀。將顏觸按東、正面、西、向正面的順序繞一圈之後，行司會把它交給蹲踞在旁的呼出，而呼出再以西、正面、東、向正面的順序向觀眾展示。時間安排在在中場休息時，如果遇上比賽推遲，有時會根據立行司的判斷取消顏觸言上。

取組編成會議

所有力士的四股名都按番付順序寫在攤在正中央的「卷」上，上頭記錄了該場所的所有比賽結果。安排賽程時，已經決定好的四股名上會放著像白色圍棋的石頭，避免重複排賽。

並連同記錄比賽結果的「卷」一起帶回割場，確認沒有重複排賽等錯誤之後，再送印製成隔日的賽程表。同時，他們還要以相撲字書寫中場休息後的顏觸言上所需用到的紙張（即顏觸）。

讓觀眾熱血沸騰的精采比賽

除了當紅力士登場、或是勢如破竹的力士出戰橫綱這種跨越番付的比賽之外，體格差異極大的組合也會讓場內的氣氛隨之高漲。例如纖細的「瘦骨」（ソップ，P134）力士對上重量級的「鮟鱇」（アンコ）力士，或是兩邊身高懸殊的情況等等，相撲的有趣之處就在於不是身軀龐大的力士就一定佔上風。此外，有的力士擅長推打相撲，有的則擅長四手相撲（P84）。如果事先了解力士擅長的招式，看到賽程表便能在腦中想像比賽過程。

而平幕（前頭）力士贏過橫綱的情況，一般俗稱奪得「金星」，褒賞金（P133）會增加10日圓。

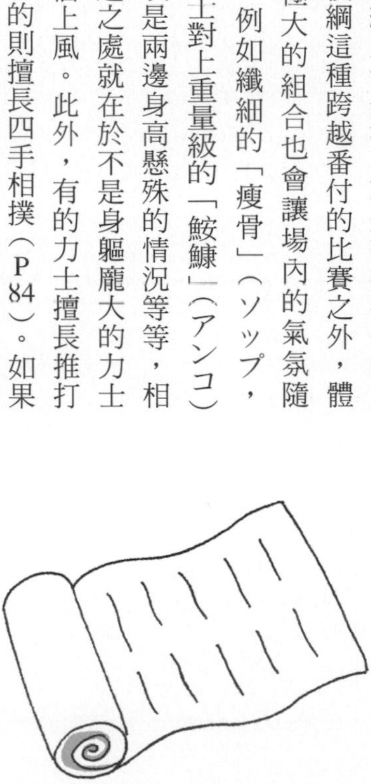

鼠判

將稻和紙裁成長條狀後黏貼製成的卷軸，行司會用細筆在紙上振筆直書，記錄賽程編排。

觀賽重點③

時間限制的觀賽樂趣

在宣布「時限到」之前，場上發生了哪些事呢？轉播上看不到的這段過程，是現場觀賽才有的醍醐味。本節將介紹期間的觀賽樂趣！

土俵上的發展也是精華所在，直到立合的瞬間均不容錯過

相撲除了中場休息和裁判輪替的短暫空檔，場上的比賽不曾間斷。可是觀看電視上的相撲轉播時，兩場比賽間的空檔通常是撥放重播畫面，或是將鏡頭切換到解說席。一旦場內播報員宣布「時限到」，畫面便會切回土俵。在這段時間裡，土俵上究竟發生了什麼事呢？

首先，「時間限制」的正確說法為「仕切限制時間」，指的是從力士站上土俵、一直到立合之前的這段期間，力士在這之間會做很多事。相撲快的話只要幾秒鐘就能定出勝負，但直到開始之前的時間卻非常漫長。換句話說，如果想要徹底享受現場觀賽的樂趣，如何觀賞電視上鮮少看到的時間限制結束為止的這段過程是關鍵。

立合（立ち合い）
相撲特有的用詞，意思是從兩手放在仕切線上的備戰狀態到起身一決勝負的瞬間。又稱為「立」（立つ）。

仕切（仕切り）
指雙手放在仕切線上，深蹲（張開雙腳、彎起膝蓋並保持身體壓低的狀態）為立合調整彼此呼吸的動作。裁判、行司和呼出將仕切一次、第二次就起身比賽情況稱為「一回仕切二回立」；仕切兩次、第三次才起身則稱為「二回仕切三回立」。

為立合調整彼此的呼吸

相撲與其他運動最大的差異之一在於開始的時機。沒有哨子或銅鑼作為開賽信號，只要土俵上兩人的呼吸達成一致，就是立合的瞬間。從力士站上土俵到立合為止會進行一連串的動作（P10～11），這些動作或許可視為調和兩人呼吸的程序。

接著，就依序來看看土俵上的流程吧。首先，力士會站上土俵、行禮、面對花道踏四股，再以力水淨身、撒鹽，接著來到土俵中央做出「塵手水」，再撒一次鹽後便展開仕切。如果第一次就讓呼吸一致的話即可直接開始比賽，但要是呼吸對不上，在時限內必須不斷重新仕切。負責告知時限的是土俵下方、坐在向正面東側的計時裁判，當他舉手向呼出和行司示意時限已到，力士便會回到給水區，用呼出遞給他的毛巾擦拭身體。接著再灑最後一次鹽，行司會將軍配拉回身前，宣布「時間到，逾時不候」。

時限一到，計時裁判會輕輕舉起手告知。行司看到會點頭示意，呼出則會站起身。

塵手水

登土俵也會出現的塵手水是相撲的基本動作之一。維持蹲踞的姿勢搓揉雙手手掌、拍手，接著手掌朝上張開雙臂，再將手掌轉向下方。之所以要搓手，是因為在相撲尚於室外進行的時代，力士會以草代水清潔雙手。而翻轉手掌則是證明自己沒有攜帶武器。

行司和呼出也是關注焦點！

所以，在時限到之前應該如何發掘樂趣呢？第一個觀看重點在於力士的動作，仔細欣賞四股、灑鹽及塵手水這一連串動作中蘊含的儀式之美吧！當土俵上兩人的動作完全一致，那優美的姿態直讓人著迷。而每位力士的習慣或固定動作也是看點之一，力士的固定動作五花八門，有人會豪邁地撒鹽或將巨大的身體反弓，也有人「啪！啪！」地大力拍打身體，或是用力拉起前褌以提振士氣或集中精神。如果仔細觀察擦身體的毛巾，會發現某些力士的毛巾會搭配腰帶的顏色，這些小細節也是樂趣之一。

除此之外，幕後人員也是關注的焦點。行司在立合之前會擺出各種姿勢，讓土俵上的程序順利進行。塵手水的時候他們會將軍配平放，仕切時則拉向身後，而觀察並調和力士的呼吸也是行司的職責。同樣不能錯過的，還有呼出使用掃帚的細微動

在當日最後一場比賽，若上一位力士輸了，則由上兩場贏得比賽的力士給水；但如果上兩場的力士也輸了的話，當天獲勝的付人便會褪去半邊浴衣，為最後一場比賽的力士給水。

力水

正確應單名「水」，是為「給水」（水をつける），用來讓力士進行賽前淨身。獲勝的力士會將柄杓交給下一位力士，並在他吐水時遞上化妝紙。如果上一位力士輸了，則由再下一位力士負責。

撒鹽是為了淨化土俵。有的力士一次只撒大約一大匙的量，有的則會抓滿整手的鹽再豪邁地揮灑。附帶一提，雖然只有十兩以上的比賽會撒鹽，不過時間充足的話，呼出也會為幕下當中階級較高的比賽備好鹽巴。這個部分交由計時裁判拿捏。

作，以及不著痕跡地補滿鹽巴的舉止。仕切時，呼出會從下一位力士的付人那裡接過場所坐墊。趁著獲勝的力士為下一位力士給水的時候，呼出會將獲勝力士的垂繩折好，有懸賞金的話便會先幫他夾在水引裡面。

另外補充說明一點，時間限制的規定分別是幕下以下2分鐘、十兩3分鐘以及幕內4分鐘，不過這些最多只能當作參考，實際的情況會根據比賽進度產生些微落差。這是因為相撲必須在下午6點結束所有賽事，但每場比賽所花費的時間卻是無法預測的。因此，計時裁判會藉著調整時間限制來控制比賽進度，幕內賽事的大約前半段為止，基本上只有一次仕切機會，時間充裕的話偶爾會有兩到三次。靠著計時裁判掌握時間的分寸，才能在下午6點準時散場。

運送場所坐墊（印有四股名的坐墊）是付人的職責，他們會把坐墊和擦身體用的毛巾一起交給呼出。

享受比賽中的攻防

例如「四手相撲」或「推打相撲」，如果能先了解相撲的比賽模式或用語，樂趣不但會加倍，或許還能以接近行家的角度來欣賞比賽。

比賽風格的相同與否左右土俵上的攻防戰

達成立合之後，伴隨著行司叫喊「動起來！」或「穩住、穩住！」的聲音，比賽正式展開。電視上會使用各種相撲用語進行解說，認識這些用語便能更了解比賽。

首先要記住「四手」（四つ）、「拍打」（突き）與「推撞」（押し）。相撲的模式可概分為「四手相撲」及「推打相撲」，四手相撲指的是保持抓住對方腰帶的姿勢進行比賽；推打相撲則不會維持同一姿勢，而是以拍打或推撞反覆攻防。「四手」依抓腰帶的方式分類，各有其名。

如果雙方都擅長四手相撲，彼此就會互相抓取腰帶；如果是四手對上推打，就會上演「你抓我躲」的攻防戰；而如果兩邊都擅長推打，彼此會保持距離，展開互相推撞或拍打的激戰。從下頁開始將介紹一些常見的相撲用語，事先打好基礎，相撲就會變得更加有趣。

從綁腰帶的方式也能看出個性。有的人會纏得很緊，也有人會綁得鬆鬆的，做法因人而異。據說有些會緊到連手指頭都伸不進去。

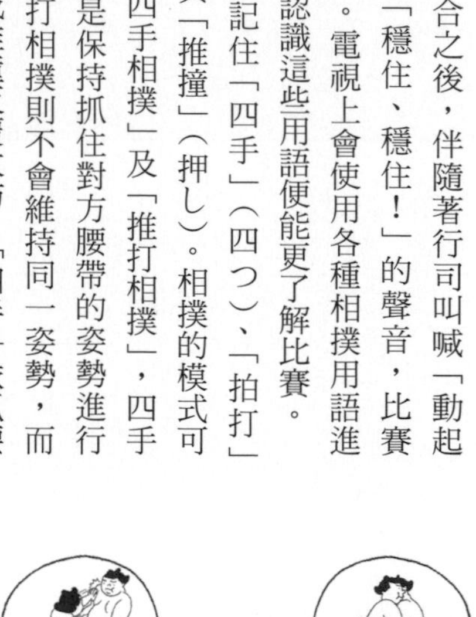

當擅長四手相撲的力士遇上擅長推打的類型，比賽的精采之處就在於一方想抓腰帶、另一方卻不想被抓的腰帶攻防戰。

讓你一秒看懂電視解說的相撲基本用語在這裡！

「四手」的種類

將自己的手插進對方手臂下的動作稱為「差」（差す）；雙方維持這個動作，讓身體緊密貼合的狀態就是「四手」；伸進對方的手臂底下並抓住腰帶稱為「下手」；壓在對方手臂上抓住腰帶則是「上手」。四手根據「差」的方式分成 4 種類型，各個力士有自己擅長的架式，為達成架式而展開的攻防，就稱為「差手爭奪戰」。

右四手
（右四つ）

左四手
（左四つ）

辨別的基準在於使用哪隻手為下手。如果雙方都是「右下左上」（右手為下手，左手為上手）就是「右四手」，「左下右上」則是「左四手」。若兩人剛好都擅長同一邊的情況稱為「相四手」，反之則是「喧嘩四手」。

「諸差」是指其中一方將兩隻手伸進對方腋下的狀態，即使沒抓到腰帶也算數。而被使出諸差的那一方則稱為「外四手」。諸差的架式雖然有利於使出投技或掛技，但也有反過來被扣住手臂（「極」，P87）的風險。

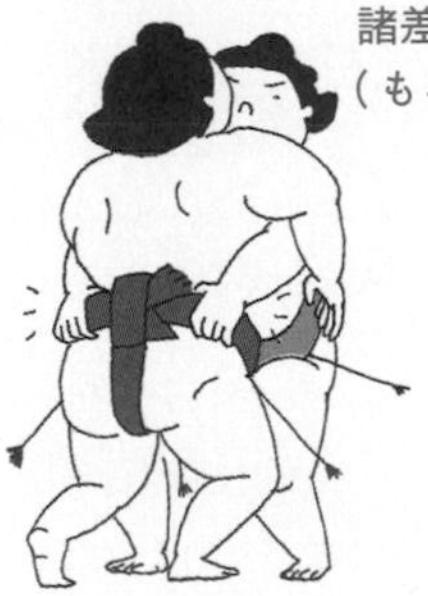

諸差
（もろ差し）

外四手
（外四つ）

立合常見的攻防戰

常言道「相撲的輸贏就看立合」，由此可見，力士起身後的動作非常重要。對相撲來說，身體壓得越低的人越有利，故相撲的基礎就在於立合後為了不讓對方蹲低，以各種技巧撐起對方身體的進攻方式。當然，這些技巧在比賽中也會看到。

雙手伸向對方的上半身，以手掌用力拍打對方。兩手輪流拍打稱為「突張」，同時拍打則為「兩手突」。使用兩手突再搭配喉輪（如下），一口氣拍開對方的招式稱為「突放」（突きっ放し）。

兩手突（兩手突き）

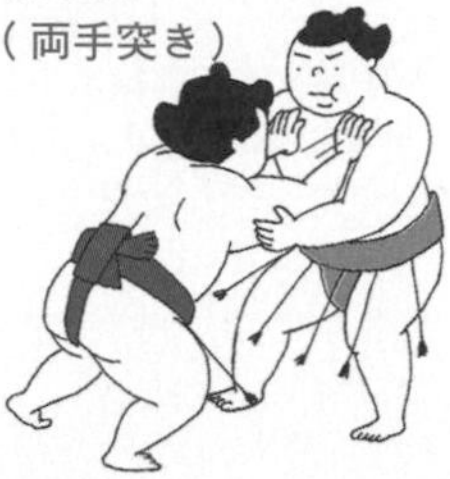

突張（突っ張り）

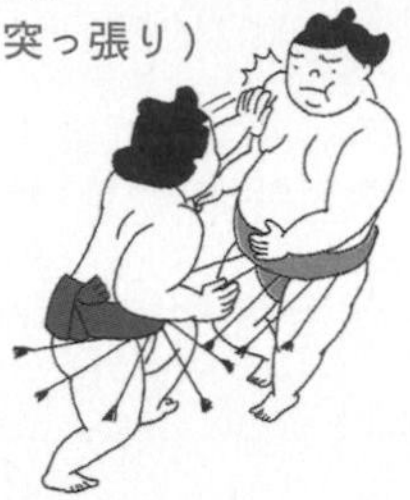

搗上（かち上げ）

雙手向內收攏，用手肘攻擊對方的胸口和下巴附近，以撐起對手身體的攻擊技巧。也可以反過來用這招承受對方的攻擊。

張手（張り手）

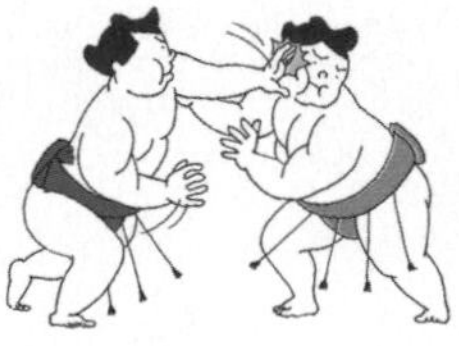

給對方一個耳光，趁對方退縮時使出自己擅長的差手。這種招式稱為「張差」（張り差し），而張手是裡面的其中一個動作。

比賽中的攻防戰

力士在比賽中時而進攻、時而閃躲、時而邊閃躲邊反過來採取有利的姿勢。接下來要介紹的是比賽中常出現的代表性招式。

筈（はず）

用手做出像箭羽般的Y字型，頂住對方的腋下或側腹。一面頂一面推稱為「筈押」（はず押し）。

喉輪（のど輪）

以筈（如左）的手勢頂住對方的喉嚨向後推，另一隻手則夾緊腋下做出「押付」（P87）。

極（極める）

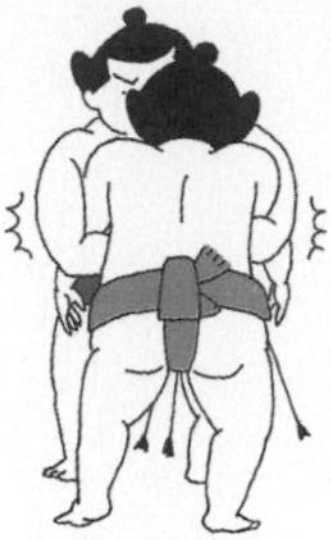

相當於職業摔角的關節技。扣緊對方的手肘等關節，封鎖其行動。

被寄（かぶり寄り）

貼緊對方，利用自己的體重上下搖晃。這個動作能讓自己蹲低，同時抬高對方的身體。以這個姿勢往前推進稱為「被」（かぶる）。

押付（おっつける）

為避免對方使出「差」或「突張」，夾緊雙腋並從外側鉗住對方的手臂往上抬。

腕返（腕を返す）

為了不讓對方碰到腰帶，將插入腰帶的手伸到對方背後，向內轉動手腕使拇指朝下。這個動作可以彈開對方的手臂。

往（いなす）

當對方使出拍打或推撞時，拉開身體迫使對方轉向，也可以直接將對方按倒或推出土俵。

巻替（巻き替える）

指維持四手的姿勢，從上手換成下手。稍微拉開距離，趁隙將手插進對方的手臂下方。有時也會反過來從下手換成上手。

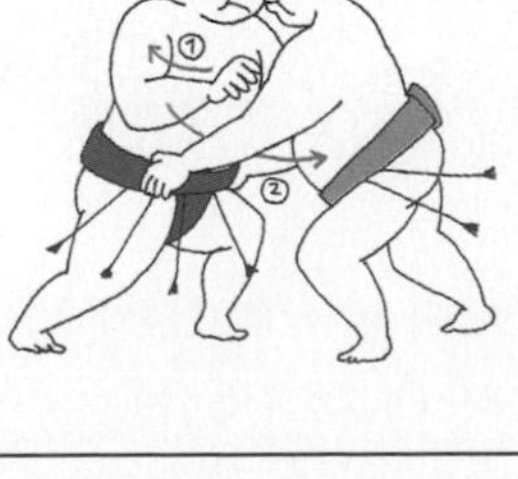

觀賽重點⑤

暫停！

當雙方呼吸未達一致、比賽時間拖得太長或發生緊急狀況時，由行司中斷比賽的情況就稱為「行司暫停」。

對行司迷來說處處是亮點，「暫停」的各種細節

土俵上有幾種需要喊出「暫停」（待った）的情況。最常發生的一種，是雙方呼吸未達一致的「立合不成立」，行司會一邊說「還沒還沒」，一邊阻止兩人，這種暫停俗稱「行司暫停」。本來力士雙方在仕切開始後，只要彼此呼吸一致，就必須展開立合，不允許暫停。因為這個緣故，從一九九一年的九月場所開始，有一段時期會對故意造成暫停的力士處以罰金。

若比賽時間拉長，在雙方疲勞到達最高點的4～5分鐘左右，計時裁判會比出手勢，行司在取得審判長的同意後會喊出暫停。這個暫停稱為「水入」（水入り），力士會暫時走下土俵，再次以力水漱口並稍作休息。而行司則須將暫停之前雙方的位置與姿勢鉅細靡遺地記錄在腦海裡，當比賽要重新開始的時候，兩位力士必須回復行司中斷比賽之前的姿勢，接著行司會詢

為因應「腰帶暫停」的狀況，行司平時也須勤練綁腰帶的方法。

輕拍一下腰帶的繩結是宣布比賽繼續的暗號。在那一瞬間，行司會把咬在嘴裡的軍配拿在手上，並從力士身旁迅速退開。如果沒有足夠強壯的腰桿和雙腳，是無法勝任行司的。

問雙方「準備好了沒」，最後輕拍兩人腰帶上的繩結，讓比賽繼續進行。

另外，還有一種俗稱「腰帶暫停」的情況，當力士身上的腰帶鬆脫時，行司會暫停比賽，協助將腰帶綁好。這時力士要維持當下的姿勢，行司則用嘴巴咬住繫在軍配上的繩子，空出兩隻手以調整腰帶。順帶一提，要是腰帶完全鬆脫滑落就算輸了。

此外，雖然不知道能不能稱為「鼻血暫停」，不過在力士流鼻血或是受傷流血時，行司也會暫停比賽。處置方法視受傷程度而定，如果只是流鼻血，呼出便會拿著面紙走上土俵，讓行司塞進力士的鼻子裡止血。這時力士要維持原本的姿勢，等緊急處理完畢，行司會輕拍他們腰帶上的繩結，讓比賽繼續。萬一血不小心滴了下來，呼出會立刻撒鹽淨化土俵，由此可見土俵是多麼神聖的地方。

為了不讓神聖的土俵被血弄髒，行司會緊急處理，幫力士塞好面紙。

觀賽重點⑥

勝負已定

有時比賽會在瞬間分出勝負，有時則會長到需要中途暫停。所有比賽都是以82種「決手」決勝負。

懂得決手就是相撲通，來認識常見的招式吧！

相撲的基本規則很簡單，只要身體的任何一處碰到土俵外面，或是腳底以外的部位在土俵內著地就算輸。分出勝負時所使用的招式稱為「決手」（決まり手），目前總共有八十二手（另有5種不屬於招式的比賽結果）。在還沒有土俵的年代，相撲只有投技、掛技等招式，當時稱為四十八手；有了土俵之後，又增加寄（寄り）和押（押し）等新技巧，最終演變為現在的八十二手。

包含基本技在內，決手還有投手、掛手、反手、捻手及特殊技這6種類型。在實際比賽當中，使出「寄切」與「押出」的次數壓倒性地多。P91的決手番付為二〇一六年七月場所到二〇一七年五月場所為止的統計資料。

決手基本上是由擔任場內廣播的行司判定，不過，和他們以電話熱線相連、待在

決手的種類

基本技	投手	掛手
突出、突倒、押出、押倒、寄切、寄倒、浴倒	上手投、下手投、小手投、掬投、上手出投、下手出投、腰投、首投、一本背負、二丁投、櫓投、掛投、擱投	內掛、外掛、斧掛、切返、河津掛、蹴返、蹴手繰、三所攻、渡込、二枚蹴、小股掬、外小股、大股、褄取、小褄取、足取、裾取、裾拂

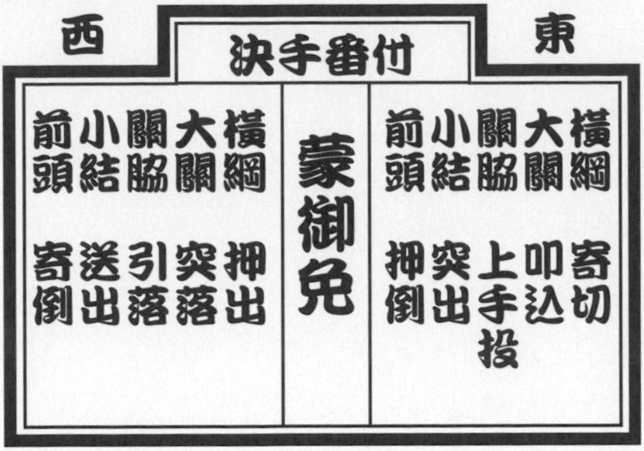

這份資料統計了 2016 年七月場所～2017 年五月場所間，共 6 次場所裡的幕內力士所使出的決手次數。從多到少分別依照東橫綱、西橫綱、東大關、西大關的順序排列。

影像室裡的決手親方，才是做出最終裁決的人。大家知道幕下以下與十兩以上的決手廣播內容其實有微妙的不同嗎？幕下以下的廣播只會簡單以「〇〇使出寄切拿下勝利」帶過；但十兩以上的廣播則會變成「方才的決手為寄切，△△使出寄切拿下勝利」，語氣較為正式。而「押出」和「突出」是比較難分辨的決手，據說越簡單的招式反而越難辨別。此外，為了看清比賽結果，土俵上的行司會把目光全放在力士腳邊，絲毫不在乎他們最後是用哪種決手分出勝負。

決手的種類多達八十二手，但是力士在訓練的時候，並不會想著「好！今天就練習襷反吧！」來進行決手的訓練，大多數的人是在比賽的你來我往中偶然使出招式後才藉此抓到訣竅。這點有別於練習「形」的柔道或其他傳統競技。

特殊技	捻手	反手
引落、引掛、叩込、素首落、吊出、送吊出、吊落、送吊落、送出、送倒、送投、送掛、送引落、割出、打棄、極出、極倒、後靠、呼戻。	突落、卷落、Tottari、逆 Tottari、肩透、外無雙、內無雙、頭捻、上手捻、下手捻、網打、鯖折、波離間投、大逆手、腕捻、合掌捻、德利投、首捻、小手捻。	居反、撞木反、掛反、襷反、外襷反、傳反

建議優先認識的代表性決手

寄切
（寄り切り）

以單手或雙手抓住對方的腰帶，一邊拉緊一邊把對方擠到土俵外。如果用這個姿勢將對方摔倒則稱為「寄倒」。

上手投
（上手投げ）

以四手中的上手之姿使出的投技。如果以上手做出像要往前推的投法則稱為上手出投。兩種都有下手版本。

叩込
（叩き込み）

面對朝自己使出拍打或推撞的對手，側過身體從肩膀或背部把對方往下壓倒。這招在對付姿勢壓得很低的對手時非常有效。

突落
（突き落とし）

手放在對方的肩膀或側腹部，側身做出空隙後把對方用力按倒在地。這招也可以作為被對方逼到邊界時的逆轉招式。

浴倒
（浴びせ倒し）

在雙方形成四手的狀態下，像是要把自己的體重強加到對方身上一般，靠在對方身上使其倒地。這個姿勢會讓對手無法起身。

押出（押し出し）

以筈（P86）的手勢搭在對方腋下或胸口推擠，或是以喉輪（P86）將對方逼出土俵外。若對方在土俵內倒地則稱為「押倒」。

突出（突き出し）

使用突張（P86）把對方拍出土俵外的招式。要使出這個招式，還需要迅速的腳部動作。如果對方在土俵內倒地則稱為「突倒」。

難得一見的

稀有決手

投技

一本背負（即過肩摔）是柔道和相撲都有的技巧。最近一次的幕內比賽，是豪風在 2017 年的一月場所使出一本背負奪得勝利。

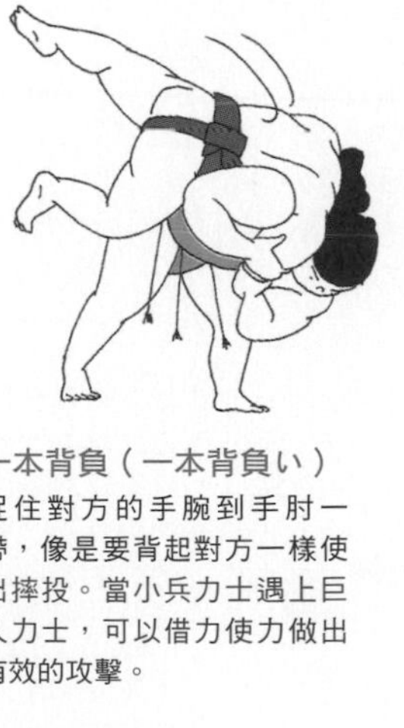

一本背負（一本背負い）
捉住對方的手腕到手肘一帶，像是要背起對方一樣使出摔投。當小兵力士遇上巨人力士，可以借力使力做出有效的攻擊。

反技

以十兩以上的賽事來看，宇良在 2017 年一月場所使出襷反，而智花在 1993 年一月場所以居反拿下比賽。

襷反（たすき返り）
從原本的四手狀態改抓住對方手肘，把頭鑽進對方腋下、扛起對方的身體後將其往後拋。

居反（居反り）
蹲下抱住對方的膝蓋，像是要扛起對方一樣伸展自己的身體，使其往後方摔倒。

土俵上的行司、裁判共6人，與在影像室擔任審判委員的親方商議比賽結果。久的時候甚至會花上幾分鐘。

對行司的軍配喊停！有時也會對結果提出「異議」

一旦勝負揭曉，行司會朝著獲勝的一方舉起軍配，宣布比賽結果。然而要是這個結果有爭議，土俵下的裁判會提出暫停，這種情況稱為「異議」（物言い）。裁判們會集合在土俵上商議，這時，審判長會透過電話與影像室的親方連線，參考影像資料。影像室裡可以看到四個角度再加上NHK的畫面，親方會重覆撥放這些畫面進行確認。

商議結束之後，由審判長出面說明。討論結果與行司判決相反的情形稱為「軍配誤判」；若雙方同時出界或同時讓腳掌以外的部位觸地則稱為「同體」，必須重新再比一次。

相撲只要身體先離開土俵或碰到地板就算輸，不過也有例外的情形。「庇手」和「送足」雖然比對方先觸地或出界，裁判還是會判該名力士獲勝。

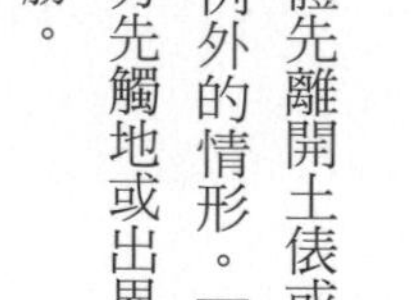

庇手（かばい手）

雙方抱在一起倒下時，若下方的力士呈現已經失去重心的「死體」，上方力士的手比對方身體先觸地的情況稱為「庇手」。相反地，如果下方力士是還能比賽的「生體」，則上方力士會因為「手著地」（つき手）而被判輸。

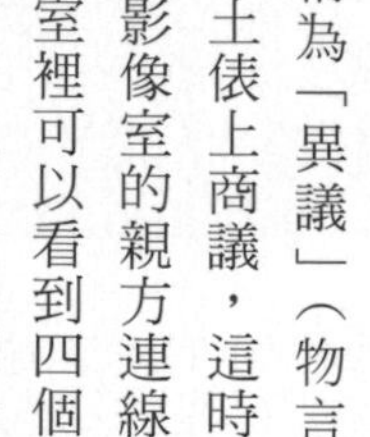

送足（送り足）

抬起對手使其雙腳騰空，維持著個姿勢走出土俵。在放下對方之前，自己的腳會先出界，但並不算輸。反之，會被判輸的情況稱為「勇足」（勇み足），是指把對方逼到土俵邊緣時，自己力道過猛先踩出界外。

觀賽重點⑦

懸賞

幕內的比賽開放提供懸賞。若是有橫綱或受矚目的力士出場的精采賽事，懸賞有時甚至會多達近五十份。

不論是常贊助呼出服裝的大企業或個人公司都可以懸賞

「我們想幫喜歡的力士加油打氣！」、「我想讓相撲的氣氛更加熱絡！」如果是有這樣想法的企業或團體（有部分限制），可以提供懸賞給幕內的賽事。

懸賞的門檻是一天至少要有一份以上，因此一個場所就必須提供十五份以上。懸賞旗要自費製作，且須符合協會規定，寫出關取的四股名、過度華麗或是印著能認出是誰的肖像等等都算是違規。旗面的設計必須先通過日本相撲協會的審查。

除了提供懸賞給心儀力士出場的賽事，也可以指定要給第幾場比賽或由協會隨機決定。而隨機也可以設定範圍，例如要求隨機發給任一位剛升上幕內的力士。萬一原本指定的比賽因為力士棄賽取消，也可選擇改成其他場比賽或是收回懸賞。順帶一提，最多人指定的比賽場次是一天的最後一場（結びの一番），有時甚至會出現額

懸賞旗的尺寸為長120 cm×寬70cm，下面有流蘇，旗面須註明公司的正式名稱。

禮金袋中真的放有現金，據說都是新鈔。

滿無法申請的情況。

而大家最在意的懸賞金額，一份含稅是六萬二千日圓。扣掉五千三百日圓的手續費之後，剩下的五萬六千七百日圓※1都屬於力士。接著再從中扣除以力士名義先存起來的預備金※2，在土俵上，行司會將三萬日圓的懸賞金放在軍配上面，力士在比出手刀之後接過。這個動作一般稱為「切手刀」（手刀を切る），目的在於向造化的三神（《古事記》裡的「神產巢日神」、「天御中主神」和「高御產巢日神」，祂們分別象徵國土、人類與萬物）表達感謝之意。

去國技館時候一定要參加森永賞，這是觀眾也能輕鬆參加懸賞的活動。在申請表寫下自己想發懸賞給哪一場比賽，並投入館內的投票箱，得票數最多的比賽便會由森永提供懸賞。此外，森永還會從投下該比賽的觀眾當中，抽籤選出幸運兒並贈送十盒森永牛奶糖，參加森永獎的人務必要在申請表上留下地址和姓名喔！

投票用紙就是焦糖、巧克力等零食的紙盒，將盒子攤開後寫上要贊助的比賽及住址。

※1 自 2019 年九月場所起，懸賞金額改為一份含稅 7 萬日圓，手續費 1 萬日圓，剩餘 6 萬日圓屬於力士。
※2 預備金：與退休金類似，協會會幫力士把一部分的懸賞金存起來，待力士引退時再歸還。

觀賽重點⑧

弓取式

弓取式是所有比賽結束後的最後一個節目。遵循古法進行的儀式威武且華麗，十分精采。

由綁著大銀杏、身穿化妝腰帶的幕下力士代替優勝力士進行儀式

弓取式的起源據說是獲勝的力士會舉著長弓開心揮舞，過去只有千秋樂才看得到這個儀式，從一九五二年之後才改為每天的賽事都會舉行。而負責儀式進行者主要是與橫綱同部屋的幕下力士，這時他們就可以綁上大銀杏並圍上化妝腰帶。

最後一場比賽進行時，力士會在向正面做準備，如果東方的力士獲勝便從東方、反之則從西方走上土俵，自立行司的手上接下長弓。儀式當中有一個像拿弓挖土的動作，稱為「拔弓」。

此外，他們的動作也有一些規定。因為是代替優勝的力士出場，以手碰觸土俵是儀式的禁忌。弓掉了的話，須用腳背勾起。如果掉到土俵外，呼出會幫忙撿起來放在土俵上，再由力士自行以腳背勾起。

當弓取式結束之後，呼出會擊柝宣布當天的賽事已全部結束。

精湛的使弓技巧連專業的舞棒選手看了都會發愣，讓觀眾忍不住拍案叫絕。

觀賽重點⑨

頒獎典禮及冠軍遊行

千秋樂當天舉行的頒獎典禮，電視通常不會全程轉播。除了賜盃以外，典禮上還會頒發各種不同的獎項。

各國的獎盃、知事賞及報社賞……相撲的獎項琳瑯滿目

在千秋樂這天，十兩賽事結束後會舉行十兩以下各級冠軍的頒獎典禮，而幕內的總冠軍則安排在弓取式之後頒獎。

幕內的總冠軍頒獎典禮上，所有人要先合唱日本國歌，接著依序頒發獎盃、優勝旗以及內閣總理大臣賞，最後對優勝力士進行訪問。電視轉播大多播到這個地方為止，其實後面還會繼續頒發各式各樣的獎項，包含來自捷克、墨西哥、匈牙利、蒙古、保加利亞、中國、法國、阿拉伯聯合大公國的友好盃與獎牌；媒體界則有NHK金盃和每日新聞的優勝相框；此外，還有東京都、宮崎縣、福島縣、奈良縣的知事賞以及大分縣椎茸農協賞等，依序頒給各個力士。這些獎盃和獎牌也會在本場所的會場展示；每日新聞的優勝相框則會在東京本場所的首日時，進行上個場所與再上一個場所的優勝相框揭幕式。

負責賜盃的是日本相撲協會的理事長，優勝旗則由審判部長頒贈。

阿拉伯聯合大公國友好盃

各國的獎盃都別具特色，阿拉伯聯合大公國的獎盃外型是參考阿拉伯的傳統茶壺，副獎則是一年份的石油。

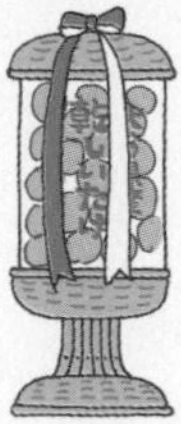

大分縣椎茸農協賞

藤籃製的椎茸獎盃裡面放的都是真的香菇乾！頒獎後，獎盃會先被帶回休息室，將內容物取出之後才會交給力士。

內閣總理大臣賞

通常內閣總理會派代理人出席，但在 2001 年的五月場所，是由前總理小泉純一郎親自頒獎給冠軍貴乃花。

賜盃

正式的名稱為「天皇賜盃」。銀製，高 107cm，重 29kg。上面還有刻著四股名的銀製名牌。

冠軍頒獎典禮後，接著頒發三賞。所謂的三賞是指「殊勳賞」、「敢鬪賞」與「技能賞」，由審判委員、相撲記者俱樂部會員和維持員組成的「三賞選考委員會」，從關脇以下的幕內力士中選出該場所表現活躍的力士。殊勳賞會頒給打敗大關、橫綱或優勝力士等表現優異的力士，敢鬪賞頒給以不屈不撓的相撲精神帶動場內氣氛的力士，技能賞則頒給在比賽中展現超凡技巧的力士。同一位力士可重複獲獎。

上述獎項頒發完畢後舉行「出世力士手打式」。參加新序出世披露（P72）的新人力士會與裁判一起站上土俵並獻上御神酒，接著跟著呼出擊柝的節奏拍手結束儀式。最後以送神儀式（P111）畫下句點。

連冠軍遊行一起參與到最後吧！

遊行乘敞篷車，從本場所的會場出發。時間安排在頒獎典禮後，大概落在下午6點45分～7點。想在前面一點的觀賞的話，建議提早佔位子比較保險。

以國技館來說，遊行會從國技館前的道路一直到回向院附近。如果在部屋前面等待，還有機會看到親方與師母出來迎接優勝力士的畫面。

觀賽重點⑩

本場所的會場導覽

以國技館為首，本場所共有四大會場。行前先掌握各自的特徵與遊覽重點吧！

宛如主題樂園的國技館&貼近力士的地方場所會場

本場所的會場大致可分為兩種類型：相撲專用常設會場的國技館以及其他場館。國技館因為是常設場地，有豐富的商店和餐廳，還有拍貼機、扭蛋機和相撲火鍋專區等等，充滿玩樂的地方，多到幾乎無暇顧及比賽。另一方面，地方場所則是使用體育館等作為場地，雖然娛樂性較低，與力士的距離卻近到不行！在國技館，大關及橫綱會從專用的地下停車場直接走進休息室。但在地方場所，他們進場的入口與其他力士相同，有幸親眼目睹他們的英姿。此外，力士從休息室走到花道時也會通過客席，雖然比賽前後禁止向力士搭話，但就近看見力士的機會俯拾皆是。

而不論在哪個會場，剪票、販售官方周邊商品還有會場警衛都是由親方親自上陣。親方都是從前的明星力士，能夠和他們交流也是現場觀賽的魅力所在。

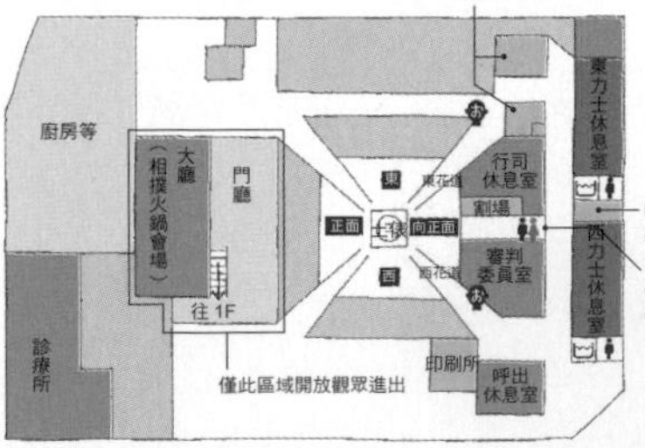

兩國國技館 B1
除了作為相撲火鍋會場的大廳之外，其他地方皆為禁止進入。舉凡力士休息室，裁判、行司和呼出的休息室、印刷所以及記者室都在這裡。

東京・國技館
（一月場所、五月場所、九月場所）

東西各有 2 間商店，可以客製屬於自己的千社札 ※（約 30 分鐘後可取件）。幕下以下的力士常會從西側商店前面通過，若有心儀的力士，可以鎖定這裡。而關取大多由一般人禁止通行的外部樓梯走進休息室。至於餐廳的話，二樓的立食壽司「雷電」對想要輕食小酌的人來說，是個方便的好選擇。

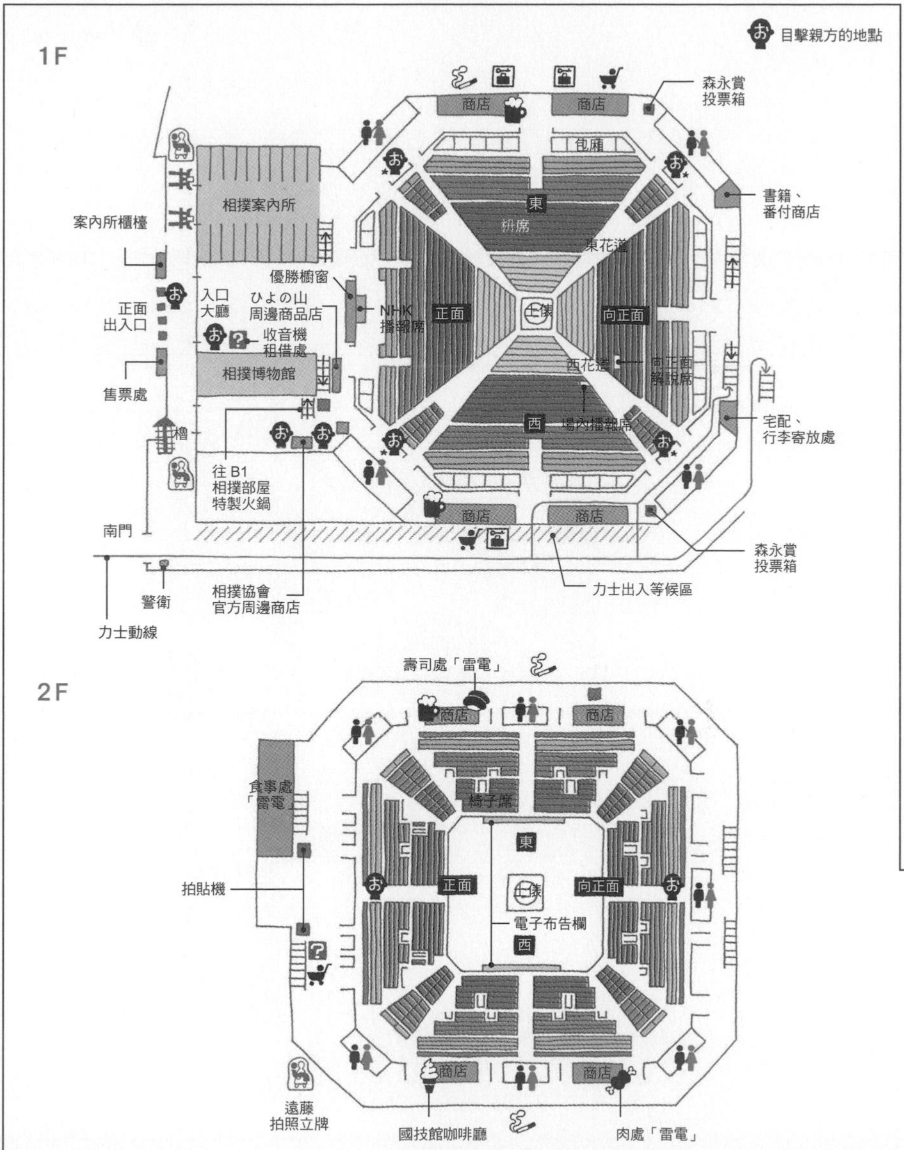

＊每次場所的場內配置不一定相同。力士出入等候區為大略參考範圍，位置可能變動。

※ 千社札：直書的姓名貼紙，原是作為參拜時貼在社殿建築上祈願之用。

大阪・大阪府立體育會館
（三月場所）

休息室的入口就在商店旁邊，力士會在商店前與花道之間來來去去。如果喜歡的力士獲勝，只要在他幫下一位力士給水時先移動腳步，就有機會看到他返回休息室休息的畫面。這種力士剛結束比賽、身上還冒著熱氣的模樣，是等待進出場時所看不到的。

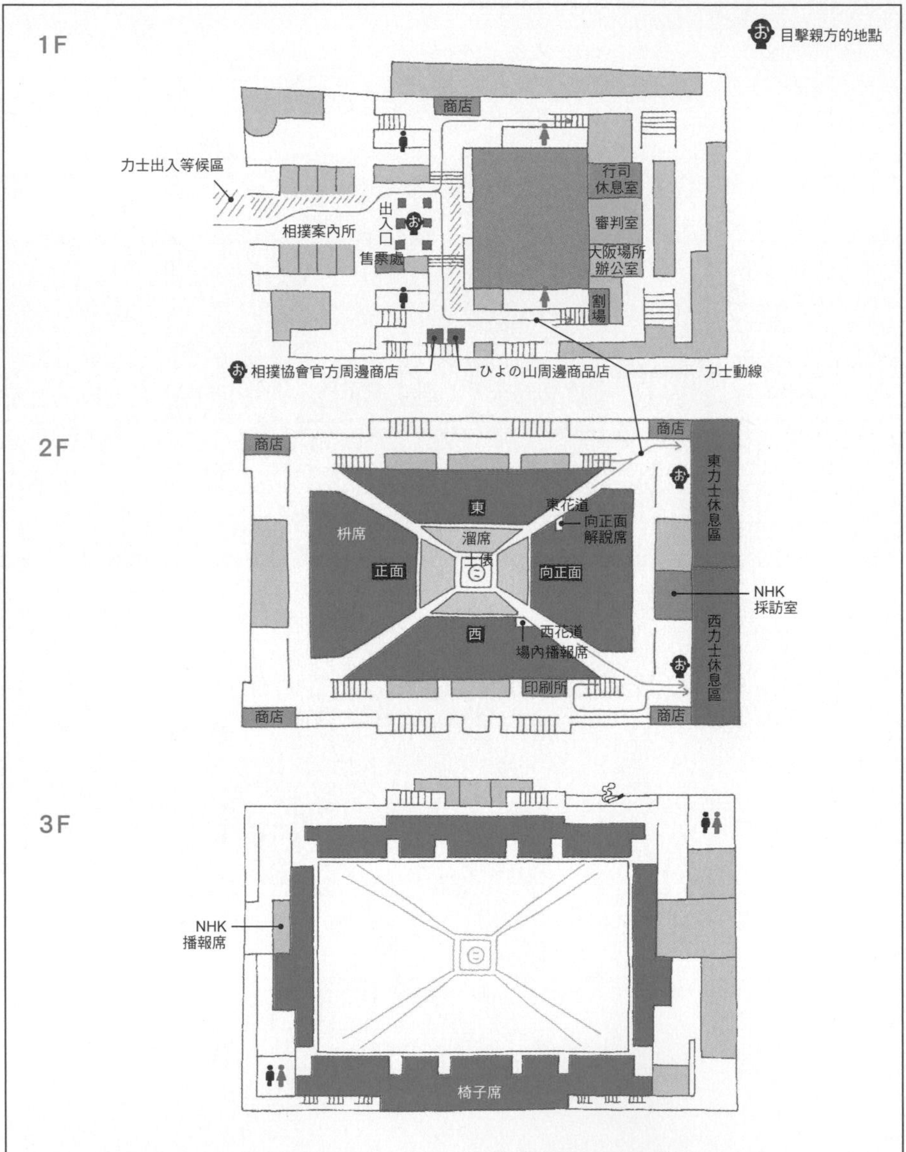

＊每次場所的場內配置不一定相同。力士出入等候區為大略參考範圍，位置可能變動。

名古屋・愛知縣體育館
（七月場所）

因為會場附近餐飲店很少，在館內唯一一間餐廳「Olympia」，有很高的機率可以遇到幕下以下的力士或親方。此外，Olympia 的前面正好是東花道入口，前往餐廳的時候還可以順便就近看到比賽前後的力士。賽後力士會從與入口不同的後方通道返回休息室。

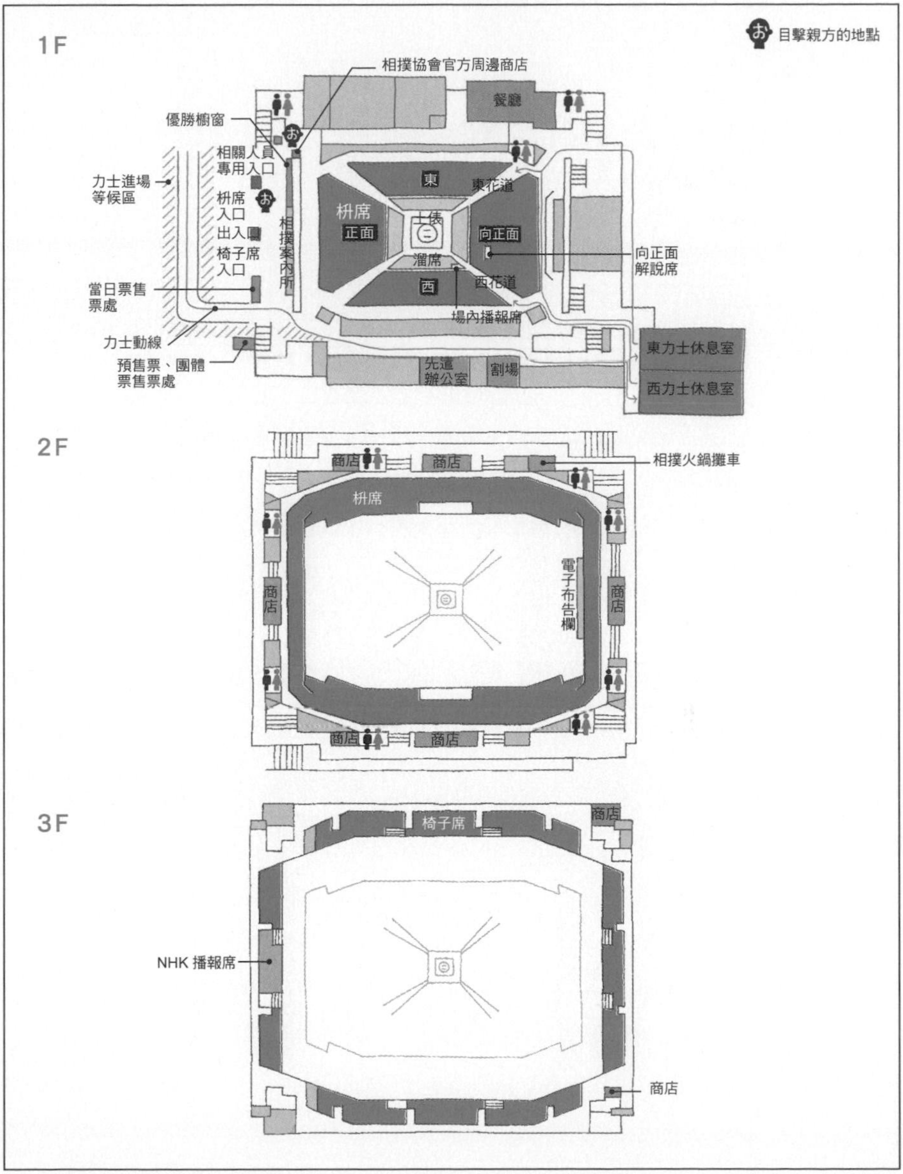

＊每次場所的場內配置不一定相同。力士出入等候區為大略參考範圍，位置可能變動。

福岡・福岡國際中心
（十一月場所）

包含大關、橫綱在內，所有力士皆由正面的出入口進入會場。如果一樓的力士進場等候區客滿，從樓梯上或二樓露台往下看也是個辦法。與大阪、名古屋相同，這裡的花道盡頭同時也是一般通道，可以近距離看見比賽前後的力士。九州對當地力士的聲援最為熱烈，因此會場裡還會舉辦當地力士的攝影展。

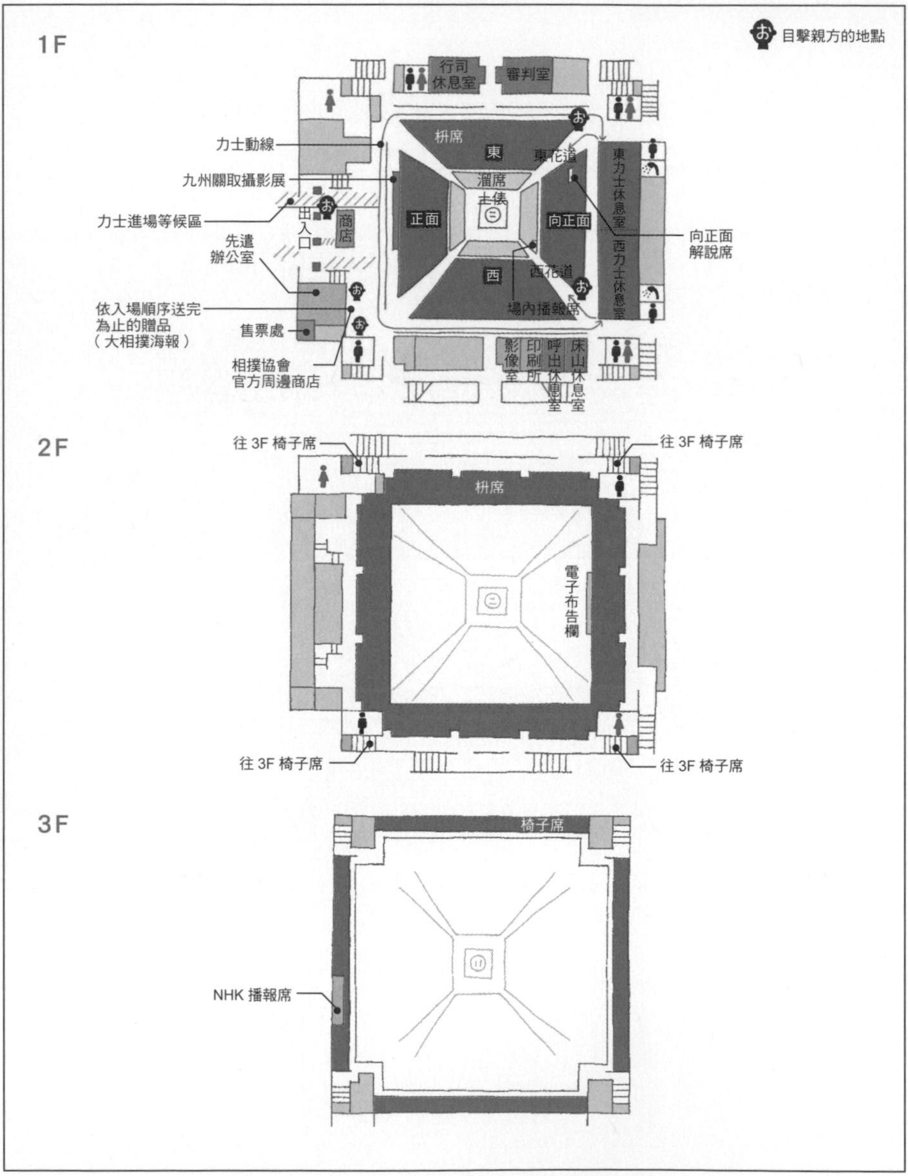

＊每次場所的場內配置不一定相同。力士出入等候區為大略參考範圍，位置可能變動。

本場所的會場資訊

【東京】國技館

地址：〒 130-0015　東京都墨田區橫綱 1-3-28
交通：JR 總武線　兩國站西口徒步 2 分鐘
　　　都營地下鐵大江戶線　兩國站西口徒步 5 分鐘

〔筆記〕走出 JR 兩國站西口，國技館就在右手邊。與 JR 兩國站相鄰的「一兩國一江戶 NOREN」裡面，不但有等比大小的土俵，還有種類豐富的美食任君挑選，如天婦羅、壽司、相撲火鍋、文字燒、蕎麥麵、深川飯以及甜點等等。

【大阪】大阪府立體育會館

地址：〒 556-0011　大阪市浪速區難波中 3-4-36
交通：地下鐵御堂筋線・四橋線・千日前線　難波站 5 號出口徒步 4 分鐘
　　　近鐵　大阪難波站徒步 10 分鐘
　　　南海　難波站徒步 3 分鐘

〔筆記〕體育會館的位置鄰近大阪的大型轉運站難波，附近有很多餐飲店，不用煩惱觀賽前後的吃飯問題。到出入口為止的茶屋區不需門票就能自由進入，適合只想等候力士進出場的人。

【名古屋】愛知縣體育館

地址：〒 460-0032　名古屋市中區二之丸 1-1
交通：地下鐵名城線　市役所站 7 號出口徒步 5 分鐘
　　　名古屋市公車　市役所站徒步 5 分鐘

〔筆記〕體育館位於名古屋城一隅，氣氛絕佳，插在石垣上的旗幟頗具風情。在館內的餐廳「Olympia」可以用平易近人的價格品嚐名古屋名產鰻魚飯三吃、碁子麵與味噌炸豬排。

【福岡】福岡國際中心

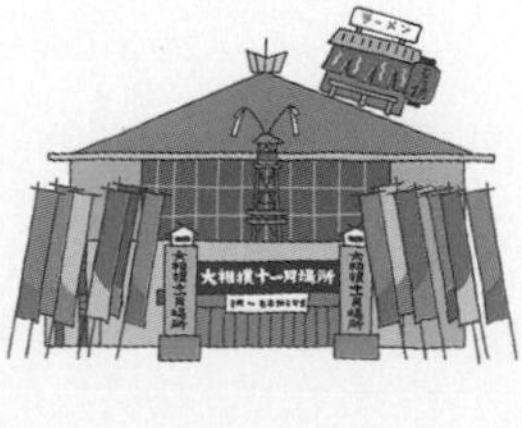

地址：〒 812-0021　福岡市博多區築港本町 2-2
交通：地下鐵　中洲川端站徒步 15 分鐘
　　　地下鐵　吳服町站徒步 13 分鐘
　　　西鐵巴士　從 JR 博多站搭乘 88 號、99 號；西鐵・地下鐵的天神站搭乘 80 號；地下鐵吳服町站搭乘 88 號公車往「中央ふ頭」，在「太陽堂前」站下車即達

〔筆記〕福岡沒有相撲案內所，取而代之的是大相撲商店，販售裝滿福岡名產的便當以及梅枝餅之類的零嘴。會場的後面是渡船候船站，從這裡可以望見當地地標「博多港塔」，是福岡會場特有的地理位置。

本場所前後的樂趣①

番付公布

在本場所舉辦前後也有各式各樣令人期待的事。首先是本場所13天前的番付公布，想到比賽即將開始，期待之情便隨之高漲！

番付於千秋樂3天後的番付編成會議決定

相撲的世界非常殘酷，力士在每個場所的位階會隨著番付異動。而番付由場所結束後的番付編成會議決定，直到下一個場所開始13天前的番付公布為止，其內容都是最高機密。唯晉升橫綱、大關得要派出使者通知，晉升十兩亦需準備化妝腰帶等物，才會在會議當天公布。

會影響番付的比賽稱為「本割」，巡業與花相撲不列入計算。基本上，本場所的賽事均算是本割，唯決賽例外。即使在決賽中吞敗，番付上位的力士也不會因此降級（雙方皆為橫綱或大關則另當別論）。

橫綱的番付不會下降，但大關要是成績落後※就會面臨降級危機，稱為「角番」。連續兩次場所落後即被降為關脇，須在下個場所取得10勝才能回到大關之列。

相撲比賽取得8勝就算領先，參考這個數字為來預測番付的變動也別有樂趣。

番付公布當天，相撲部屋也會收到番付表。所有力士和幕後人員會全數出動，幫忙將番付表寄給後援會等贊助單位。除了印在紙上的番付表，還有一種寫在木板上、立於會場入口附近的「板番付」也是出自行司之手。

※ 一個場所為期15天，十兩以上的力士一天一場比賽，因此至少需贏得8場才能「領先」（勝ち越し），取得晉升機會；反之，若輸掉的比賽多於8場則稱為「落後」（負け越し）。

如何看懂番付

正式名稱為「番付表」，將行司寫在肯特紙（長 110× 寬 80cm）上的內容縮印成 1/4 的大小。番付排名越前面，字級就越大、字體也越粗。

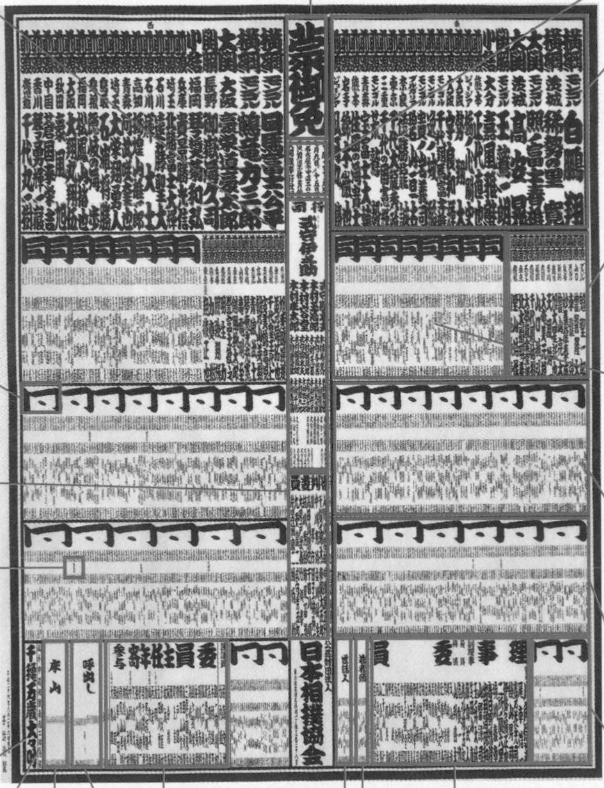

以立行司為首的所有行司。字級會隨階級漸小。

讀作「御免蒙」（ごめんこうむる），是從盛行勸進相撲的江戶時代留下來的傳統，代表已向寺社奉行提出申請。

在年號、首日日期、天數及地點後寫有「大相撲舉行仕候」。

幕內力士的階級、出生地、四股名。人數上限為 42 人。

現在小結以下的幕內力士雖稱作「前頭」，但「前頭」原本是指「前相撲的頭（冠軍）」。就這個意思來看，十兩以下的力士都可稱為「前頭」，故將「前頭」兩字簡化成「同」字代替（三段目以下為「同」的簡寫）。

十兩力士的出生地和四股名。十兩的正式名稱是「十枚目」，有一說是因為江戶時代將薪資達到十兩的力士稱為「十兩」。現在東西加總的人數上限為 28 人。

幕下力士的出生地和四股名。正式名稱為「幕下二段目」。人數上限 120 人。

擔任審判委員的年寄

出生地與四股名中間的小字是力士改名前的四股名，以「〇〇改」的格式註記。

三段目力士的出生地和四股名。寫在番付表的第三段。人數上限 200 人。

「千穐万歳大々叶」的意思是「希望千年萬年都能座無虛席」，是番付的固定用詞。

序二段力士的出生地和四股名。

序之口力士的出生地和四股名。

「此外中前相撲東西二御座候」，表示除此之外還有參加前相撲的力士。

只會列出十兩以上的呼出。

若者頭

世話人

只會列出特等及一等床山。

年寄（P26）依照在日本相撲協會的位階排序。

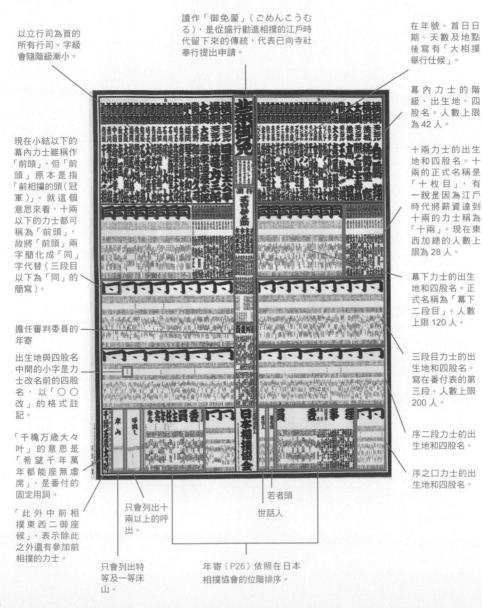

新橫綱與新大關的誕生

搶在番付之前公布的新橫綱與新大關，讓人滿心期待下個場所

番付編成會議當天會公布的新橫綱與新大關，就算不是相撲迷，也會在電視上看到這個的大新聞。

關脇晉升為大關的參考基準是連續三場所取得優異成績，一旦被認可是一名實力穩定的力士，在番付編成會議上便會被推舉為大關人選。若取得所有理事會成員的贊成票，就可以確定晉升大關，協會會派出使者進行「昇進傳達式」。附帶一提，如果是曾被降為關脇（P106），之後再次晉升的力士則不會有這個儀式。

而成為橫綱的條件是以大關身分連續兩場奪冠或取得同等成績，同時還須兼具橫綱應有的品格與力量。在橫綱審議委員會上取得超過三分之二的贊成票之後，才能在番付編成會議上獲得推薦，這時只要取得理事會一致贊同，便能光榮晉升橫綱。

新橫綱會在明治神宮接受理事長頒發的「橫綱推舉狀」，同時進行獻給神明的登土俵儀式——「橫綱推舉狀授與式」。之後還會到野見宿禰神社及富岡八幡宮舉行奉納登土俵（P49）。

在明治神宮的橫綱推舉狀授與式，是橫綱首次展現登土俵儀式的時刻。直到1951年以前，是由傳承相撲禮法的吉田司家頒發「橫綱免許狀」。因為吉田司家位於熊本，新橫綱會先在東京拿到「橫綱假免許」（臨時證），接著再到熊本領受「橫綱免許狀」。雖然臨時證聽起來不太響亮，仍是不折不扣的橫綱證明。

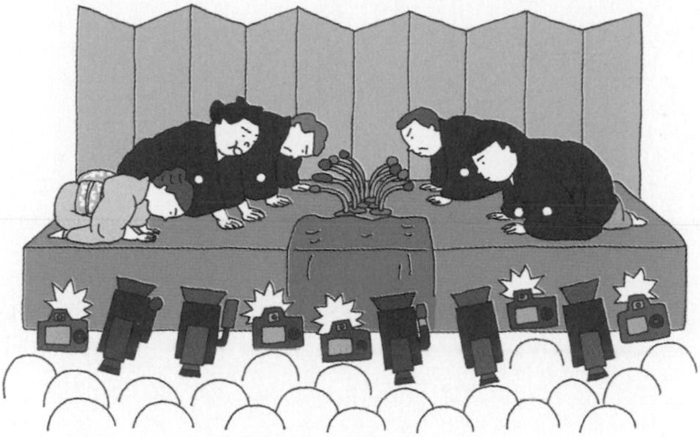

昇進傳達式

2 名使者由日本相撲協會的理事與同一門的審判委員擔任，力士本人會和親方夫婦一起接旨。傳達式通常在相撲部屋進行，空間太小的話有時也會改在飯店。待使者傳達晉升一事後，力士會回答「謹遵指示」，接著表明自己的決心並發表感言，這部分是大家關注的焦點。

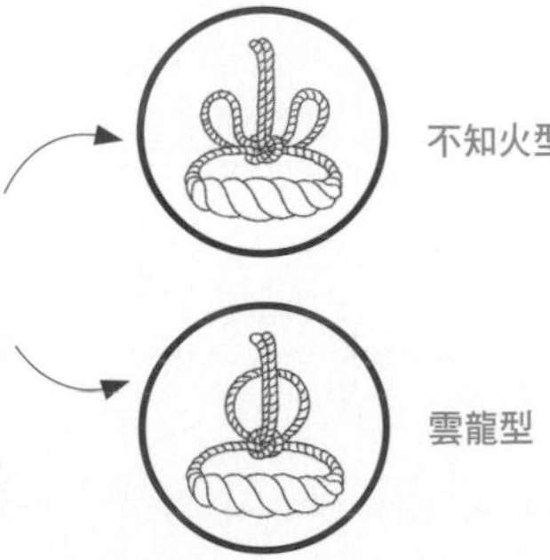

編綱繩（綱打ち）

新橫綱誕生時會舉行編綱繩活動。同部屋及同門的力士頭戴紅白相間的綁繩鉢卷，搭配白手套，一邊配合太鼓喊出「一、二、三」一邊將麻布扭在一起，熱鬧的景象好似祭典一般。東京的本場所開始前也會舉行這個活動。

本場所前後的樂趣②

土俵祭

神聖的土俵中寄宿著神明。在本場所首日的前一天，行司會在土俵中埋入供品，舉行將神明迎入土俵的儀式。

由行司擔任祭主，淨化土俵並祈求本場所平安順利

本場所使用的土俵，其實每次都要打掉重建（P112）。土俵會在首日的兩天前完成，並於前一天舉行土俵祭，以祈禱本場所期間土俵能夠安全無虞。祭主是立行司，再從幕內和十兩當中各選一名擔任脇行司，三人會穿著神職人員的裝束進行儀式。祭壇設於土俵中央，理事長、審判部長、副部長和審判委員會圍著土俵就坐，正面有三役以上的力士，向正面則是身著西裝的全體行司。

由立呼出擊柝宣布儀式開始，首先是「祝詞奏上」、「清祓之儀」，並以「祭主祝詞奏上」祈求本場所平安順利。接著是將祭壇上的幣※置於土俵四角的「祭幣」，以及在外俵（P112）灑上御神酒以示淨化的「獻酒」。「方屋開口」講述的是相撲的禮法典故，據說在悠長的相撲歷史中，這些內容全由行司憑口述相傳。接著，終於

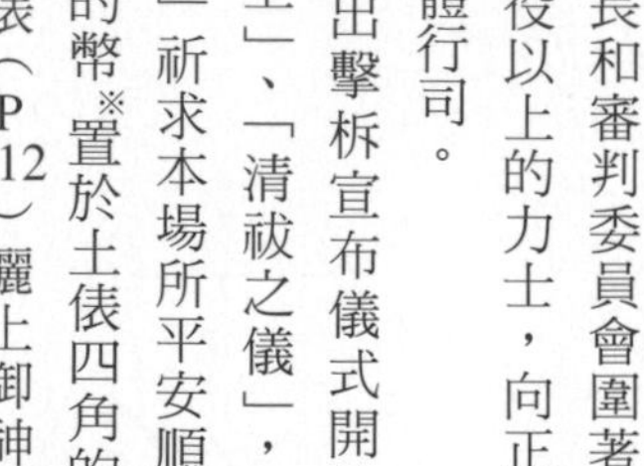

鎮物

指勝栗、榧實、洗淨的米、昆布、魷魚乾和鹽。這些象徵吉兆的物品會被裝入土器，用奉書紙包裹後，放進土俵上長寬各 15 公分大的凹洞中，接著注入御神酒，蓋土掩埋，到本場所結束為止都保持這個狀態。

※ 幣：又名「幣帛」，祭神用的道具，在竹籤或木棍上夾著階梯狀的白紙。

土俵祭於首日前一天早上10點開始舉行。不用門票或號碼牌，所有座位皆可自由入座。由於近期相當熱門，想坐在前面的話還是早點排隊入場比較好。

來到土俵祭的最高潮。行司會在土俵中央的四方形凹洞裡放進名為「鎮物」（鎮め物）的供品，接著灑上御神酒並覆土掩埋。最後，他們會向德俵（P112）與參加儀式的理事長以下人員獻酒。結束之後，呼出會抬著兩座太鼓從東花道登場表演觸太鼓（P114），最後繞行土俵3圈，為儀式畫下句點。整場儀式的氣氛莊嚴肅穆，約進行30分鐘。

將神明送回天上的「送神儀式」

土俵祭同時也有將神明迎來土俵的涵義，本場所結束後，神明就要回到天界。因此，緊接在千秋樂頒獎典禮之後的「送神儀式」稱得上呼應土俵祭所舉行的儀式。參加新序出世披露（P72）的新力士會和呼出、裁判們（若新力士人數夠多，則呼出和裁判不參加）一起拋舉土俵祭中位階較低的脇行司，仿效將神明送回天上的動作。土俵祭免費開放給大眾參觀，送神儀式則須持有千秋樂的門票才能觀賞。

送神儀式

因為是由孔武有力的力士拋舉比他們輕上許多的行司，之前也曾發生過行司在空中翻了一圈、或是用力過猛結果摔落地面的意外。

呼出總動員的土俵築

使用江戶時代傳下的手法與專用道具，耗時三日手工打造土俵

為期15天的賽期中，每天有超過三百位平均體重約一百六十公斤的彪形大漢在土俵上對戰。而這座土俵其實全由呼出親手打造，材料只有土和水，除了建土俵用的傳統工具與自己的手腳，過程中完全沒有使用任何機械。以前有分專門建土俵的呼出和專門唱名的呼出，現在必須兩者都勝任才算得上是獨當一面的呼出。如果只看電視的話，可能會覺得呼出不曾拿過比扇子或掃帚還重的東西，然而當他們做起土俵築的粗活，可是連眉頭也不皺一下。

　土俵使用的是具有黏性的土，水則擔任黏著劑的角色，因此呼出會讓泥土吸飽水分，再以蛸胴突（タコ）和叩槌（タタキ）等專用道具敲打，或是用自己的雙腳將土俵踏實。此外，就連上面的俵（草袋）也都是呼出親手製作的。

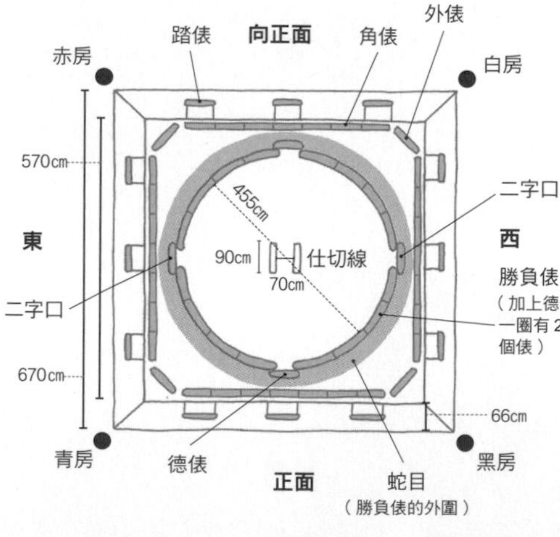
（加上德俵，一圈有20個俵）

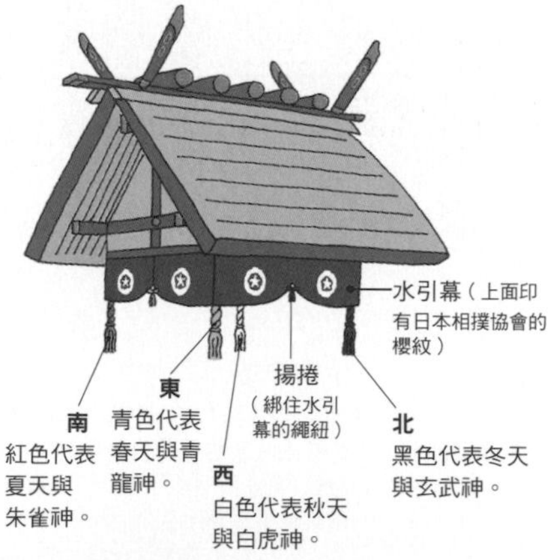

在1952年以前，屋頂的四個角落都還設有梁柱，現在已改為懸吊式，以下面垂掛的房來代替柱子。四個房的顏色不一樣，分別代表不同的方位、四季和四神。

土俵的製作方法

以國技館為例

國技館裡還留有上一次的土俵，故須從拆除作業開始著手。

以鋤頭等工具拆除1/3左右。

⇒

將卡車開到土俵旁，再用手推車把土運上車。

倒入新土、灑上足夠的水，接著在四角插上木樁並拉起繩索，參考繩索的位置來調整土俵的形狀。

形狀調整好之後，用蛸胴突或叩槌從上面和側面敲擊，將土夯實。使用蛸胴突需三人一組，由老手控制繩子，新人呼出負責抓住握柄敲打。此外呼出們還會排成一列，像是跳踢踏舞般，把上面的部分踩穩踏牢。

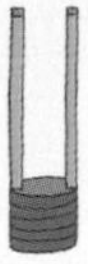

蛸胴突（タコ）土俵築的特殊道具。

用叩槌整平表面。

叩槌（タタキ）

當一邊在換土、敲整底座的時候，另一邊也會同時進行製俵的工作。呼出會在稻草桿裡塞進和土俵一樣的土，接著用啤酒瓶（據說朝日啤酒的酒瓶不論形狀或強度都最適合）敲打、整形，最後再將稻草桿綁緊成卷。

用繩子像圓規一樣在土台上畫出一個圓，在預計放俵的地方先挖好凹槽再放上俵。為了讓俵露出來的高度一致，須一邊作業一邊微調。接著依序放上其餘的俵。

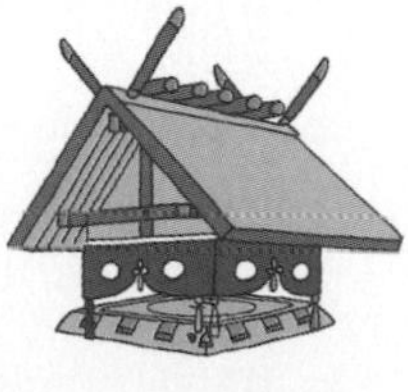

放下懸吊式屋頂並裝上水引幕。屋頂的內側裝有照明燈具，其實這個燈具還兼具乾燥土俵的功能。雖然沒有用到機械動力，卻還是稍微借用了一點電力。

最後用瓷漆畫上仕切線就大功告成！

本場所前後的樂趣③

觸太鼓

觸太鼓是延續自江戶時代的例行活動。在本場所的首日，呼出會帶著太鼓一起遊街宣傳。運氣好的話，說不定能在路上巧遇他們。

走過相撲部屋與贊助單位，告知本場所的首日及賽程

在沒有報紙和電視的江戶時代，靠著「觸太鼓」為相撲開場進行宣傳。伴隨太鼓的鼓聲，呼出會依序公布首日中場休息以後的賽程，喊道：「明天是相撲首日喔～由〇〇對〇〇喔～」最後再以「慢了就沒位子囉～」做結尾。

土俵祭的最後，兩座觸太鼓會繞行土俵三圈（P111），接著直接出發走上街頭。其實這些觸太鼓會根據路線分成好幾組，有的組別會提早開始上街巡迴。如果呼出人數不夠，有時也會僱用挑太鼓的臨時工。

觸太鼓的節奏與宣告本場所或花相撲開場的「寄太鼓」相同，而賽後的「跳太鼓」則是以躍動的節拍，詮釋觀眾三三兩兩離開會場的情景。

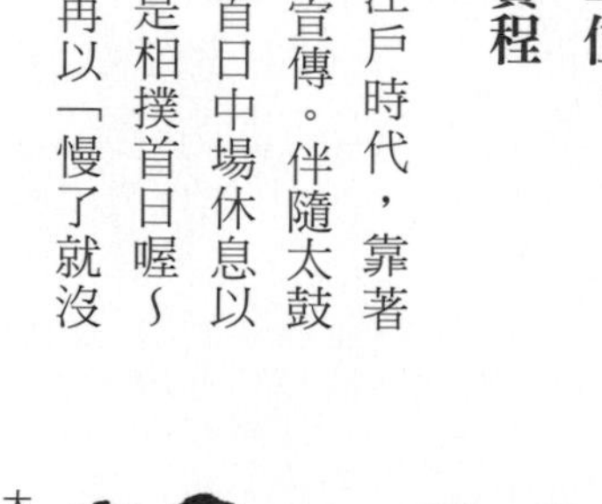

敲著扛在肩上的太鼓，四處大聲宣傳。

本場所的寄太鼓和跳太鼓在會場前面的櫓上演出。國技館因為是常設的場館，櫓內配有電梯，但地方場所因為只有梯子，據說在將太鼓搬上搬下的時候非常恐怖。

本場所前後的樂趣④

千秋樂派對

各部屋會舉辦千秋樂派對作為本場所的最後一個活動，這是看見力士展現活潑一面的好機會！

力士、親方的歌唱大會和抽獎等，有趣的活動接二連三

為本場所畫下句點的千秋樂派對，是個可以一口氣縮短與力士之間距離的活動。雖然就一般的印象來說，可能會覺得只有相撲部屋相關人士或透過介紹才能參加派對，然而有些部屋的派對，只要是有付會費的支持者都可以自由參加。

一般的派對流程，首先會公布力士在該場所的成績，接著由後援會會長和親方上台致詞，經過一段自由交流的時間後，就是力士及親方的歌唱大會和抽獎活動等等。自由交談時，有些力士會在場內到處幫客人倒酒，這時就是和力士說話、拍照或握手的好機會。正如力士都給人很會唱歌的印象，除了有值得一聽的歌唱大會，比較活潑的力士也會唱歌跳舞帶動現場氣氛。而在抽獎活動上，還有機會抽到後援會贊助的豪華大獎。推薦大家參加派對，看看結束15天競賽後、表情放鬆的力士們。

力士是靈活的巨人。或許有機會看見他們輕快的舞姿!?

部屋的力士和親方齊聚一堂的模樣也是看點之一。

column
專欄

空前絕後的國技館熱潮

追隨兩國舊國技館的腳步，全日本誕生了8座國技館，迎來空前的國技館熱潮

明治時期以前的相撲都是在戶外進行，遇雨則順延，為期10天的賽事有時甚至需要花上一個月進行。而冬天也會因為氣溫太冷，無法在戶外比賽。基於這些緣故，萌生了建造室內相撲專用競技場的需求，直到一九〇九年六月，位於兩國回向院境內的舊國技館終於誕生了。

以此為契機，截至一九三七年為止，日本全國總共興建了8座國技館。分別是與舊國技館同樣在一九〇九年十二月落成的橫濱相撲常設館、一九一二年二月的淺草國技館、同年六月的京都國技館、一九一三年十月的肥後相撲館（熊本）、一九一四年二月的名古屋國技館、一九一五年七月的富山國技館、一九一九年九月的大阪國技館，以及一九三七年六月的大阪大國技館。而除了這些之外，還有最後沒有完工、於一九三六年在兵庫縣尼崎市動工的阪神大國技館建設工程。

這些國技館大多為民營。橫濱相撲常設館開幕時，當時東京大角力協會的立行司式守勘太夫曾擔任祭主舉行土俵祭；名古屋國技館的開幕典禮上，有橫綱梅谷與太刀山出席；大阪大國技館開幕的時候，則是由立行司木村庄之助擔任土俵祭的祭主。據說在沒有相撲賽事的空檔，這些國技館會拆掉土俵，改作為電影院營利。可惜的是，現在已經全部關門大吉了。

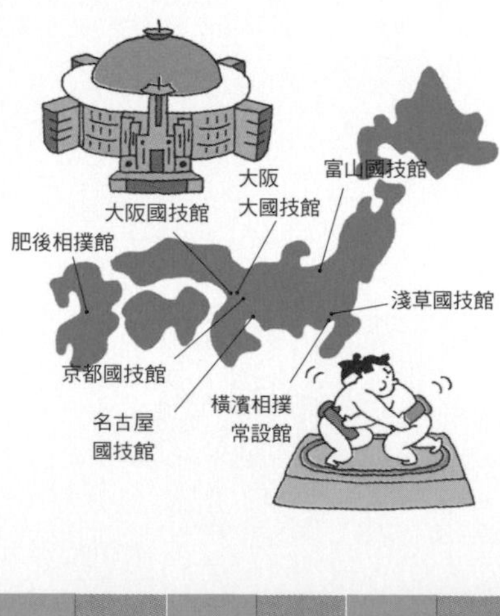

第4章
開心地與力士交流互動，來參與力士巡演吧！

趁著本場所之間的空檔走訪日本全國各地的地方巡業，是能在居家日常的氛圍下與力士交流的機會。本章將介紹巡業的行程表，以及初切、相撲甚句與太鼓示範表演這些巡業才看得到的節日內容。

巡業的時間表&門票

透過巡業可以就近感受相撲這項傳統文化，充滿不同於本場所的魅力。

一年四次的巡業在不同季節舉行，十兩以上的力士會全體參加

一年四次的巡業辦在沒有本場所的偶數月。四月的「春巡業」在近畿、東海、關東；八月的「夏巡業」在東北、北海道；十月的「秋巡業」從東海到近畿、中國；十二月的「冬巡業」則在九州、沖繩。每次為期約一個月，走訪十幾個地方。

參加巡業的成員包含關取全員和其付人，再加上表演初切（P123）等節目的幕下以下力士。出身當地的力士也是一員，會出席一日警察署長等歡迎活動。此外，一部分的行司、呼出和床山也會參與巡業。

通常在巡業開始的10天前左右，由負責該地的親方、行司、呼出組成的先遣小組會率先抵達當地。親方負責向主辦單位問候致意；呼出負責搭建土俵；行司則負責協助親方，同時以先發書記的身分進行各式文書工作。而力士組成的主力部隊會在巡業前一天抵達當地。

節目表

時間和節目內容可能會因舉辦地點異動。

8：00左右 開場～寄太鼓
⇦
8：00～8：30左右 幕下以下的訓練
⇦
8：00～9：00左右 握手會
⇦
8：30～10：30左右 十兩和幕內的訓練
⇦
10：30～10：45左右 和孩童進行訓練
⇦
10：45～11：00左右 相撲講座
⇦
11：00左右 幕下以下的比賽

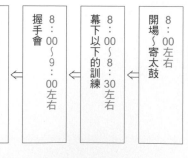

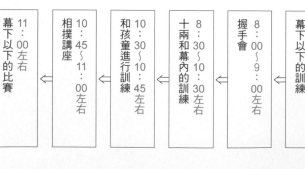

巡業地區與時間表

夏天前往涼爽的東北和北海道，冬天則到溫暖的九州和沖繩。東北及北海道由於氣候寒冷，部分會場沒有設置空調，對於一年有80%的時間都與電風扇一起度過力士來說，反而需要擔心太熱的問題。

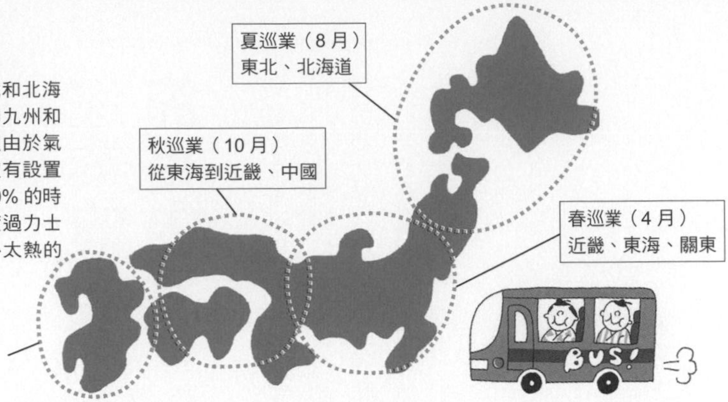

＊地區和時間不一定完全相同。

巡業的主辦單位是當地的自治團體或企業，稱為「勸進元」。因此，巡業的節目安排交由主辦單位規畫。

獲得當地協助搭建土俵

訓練、握手會、兒童訓練、相撲講座、登土俵儀式、比賽和弓取式幾乎是每場巡業的固定活動，多數巡業會以這些為基礎，再加上其他餘興節目。

巡業的土俵有別於本場所，是將土倒在底座上再加固而成的簡易版本，大約需要2天的時間搭建，但若沒有幾十個人手一起幫忙是忙不過來的。除了自治團體的員工和地方志工，高中和大學的相撲社團也會協助進行土俵築（P112），偶爾也有港口的漁夫一起加入製作的行列。

巡業和本場所的相同之處，在於同樣有販售附贈禮品或便當的套票以及相撲的周邊商品，購票方式可從主辦單位或相撲協會的官方網站確認。而巡業也有在本場所一位難求的溜席門票，想買要趁早。

餘興節目 ⇐ 12：30左右 十兩登土俵 十兩比賽 幕內登土俵 ⇐ 13：30左右 橫綱登土俵 ⇐ 13：50左右 幕內比賽 ⇐ 15：00左右 弓取式～散場（所有節目結束）

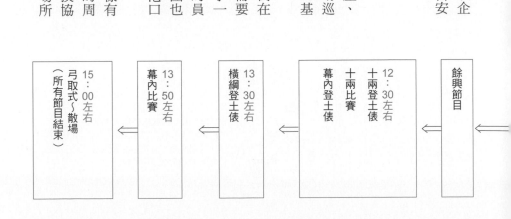

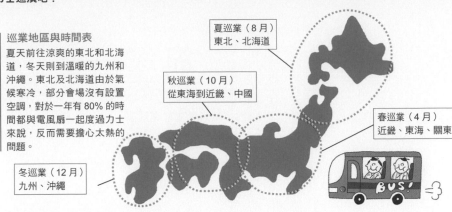

巡業的節目內容

訓練和比賽是巡業的核心節目。力士們幾經磨練的身軀在土俵上擦出火花，充滿魄力的景象無關番付，每每撼動著粉絲的心。

巡業的第一個亮點是橫綱、大關也會參加訓練

巡業的節目從訓練開始，讓觀眾得以在會場的土俵上，看到平常只在相撲部屋進行的訓練，是非常難得且奢侈的機會。巡業又名「稽古場所」，力士在巡業期間仍須不斷累積自己的實力。因此，與其說巡業的訓練是為了讓觀眾觀賞他們訓練時的模樣，不如說是不折不扣的鍛鍊機會。

幕下以下的力士從早上8點開始訓練。雖然番付排在下位，但其中或許有未來的橫綱，試著發掘明日之星吧。上位力士也會陸續到土俵旁準備。十兩以上的關取會圍著白色訓練腰帶，很好辨識。

訓練進行時，會在大廳會舉辦當紅力士的握手會，小心別過度專注於觀賞訓練而錯過了這個機會。訓練結束後有時會安排兒童訓練，由關取擔任練習對象。與孩子一比較，便深刻感受到力士的身軀之巨大。力士們時而輕鬆提起孩童、時而

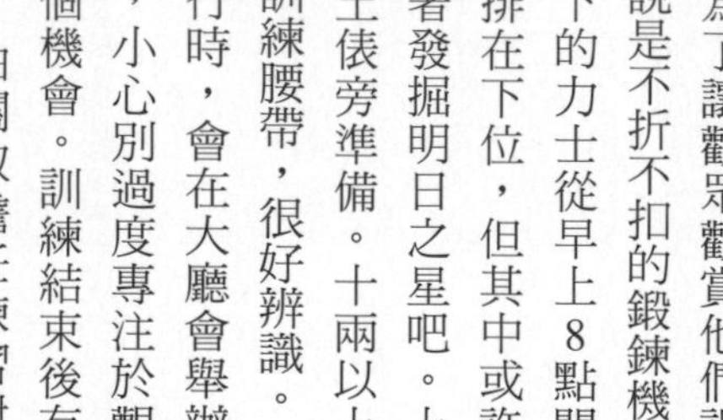

山稽古

天氣好的時候，有機會看到力士在戶外的空地或草皮上進行山稽古。這裡的「山」是指訓練場以外的平地。在舒適的戶外，不時會看見訓練中的力士展露著笑顏互相切磋。

兒童訓練

不論是在當地相撲教室上課的調皮小力士或是完全沒有相撲經驗的孩子，都能向力士挑戰。偶爾也會出現表現優異、前途無量的小朋友。

＊非常態舉辦。

故意輸給他們，帶動場內氣氛。而接下來的相撲講座上，會用簡單易懂的方式說明蹲踞、四股等土俵上的動作、示範劈腿（P128）並解釋弓取式和登土俵儀式的意義。

充滿魄力的比賽讓粉絲目不轉睛

不管怎麼說，巡業中最令人期待的節目還是力士對戰。呼聲最高的是出身當地的力士。而十兩力士穿著華麗繽紛的化妝腰帶進場，其登土俵與比賽吸引了眾人的目光。中場休息後，接著登場的是幕內力士的登土俵，有時他們會抱著小嬰兒一起進行儀式，這樣的畫面也只有巡業才看得到。而率領太刀持和露拂登場的橫綱登土俵，氣勢果然不同凡響。常在電視上看到的知名力士也會出現在幕內的比賽上，身體和身體的碰撞聲以及威猛的吼叫聲都充滿魄力，擄獲了所有人的視線。

當天的最後一場比賽結束後，會進行「弓取式」（P97），在下午3點左右結束所有的節目。

握手會

除了橫綱和大關，當紅的力士以15分鐘為單位輪流出場。握手會上大排長龍的可能性很高，不過只要不造成旁人的困擾，都可以請力士簽名或要求合照。

餘興節目

餘興節目上除了有初切和相撲甚句，還會示範平常沒機會看到的幕後工作內容。

餘興節目由主辦方自由挑選

巡業還會準備一些餘興節目，讓觀眾體驗有別於本場所的相撲魅力。以下介紹幾個代表性的節目，由於節目全交由主辦單位自由編排，故每場巡業上不盡相同。

相撲甚句

相撲甚句是從江戶時代流傳下來的一種民謠，以七五調※的歌詞構成，內容常包含力士的日常生活或社會情勢，逗得觀眾哈哈大笑。5～7位穿著化妝腰帶的力士會圍成一圈，輪流站到中間唱歌。一旁的力士則幫忙鼓掌打節拍，或以「啊～DOSUKOI、DOSUKOI」和聲。大多是從幕下以下的力士中，選出擅長唱歌的人表演。

初切

初切由行司搭配2位力士，總共3人一起演出。表演採短劇風格的對手形式，以逗趣搞笑的方式介紹決手（P90）和禁手。偶爾

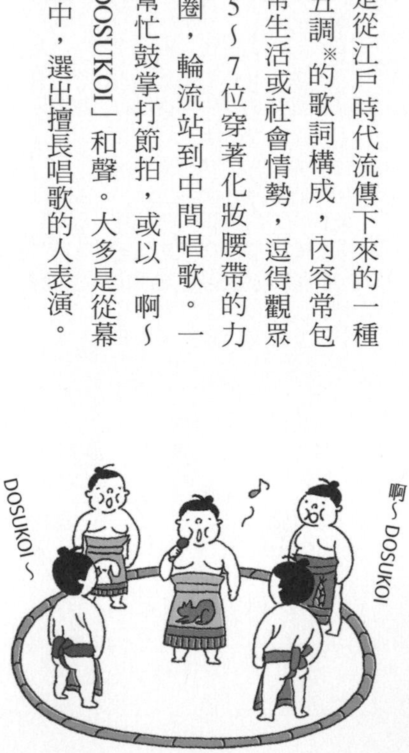

相撲甚句

將巡業地點的著名景點和名產加進歌詞的相撲甚句被稱為「御當地甚句」。厲害的人還會在裡面加入諧音笑話，使場內歡聲如雷。

※ 七五調：每句分別用七或五個音節組成的歌曲或詩詞。

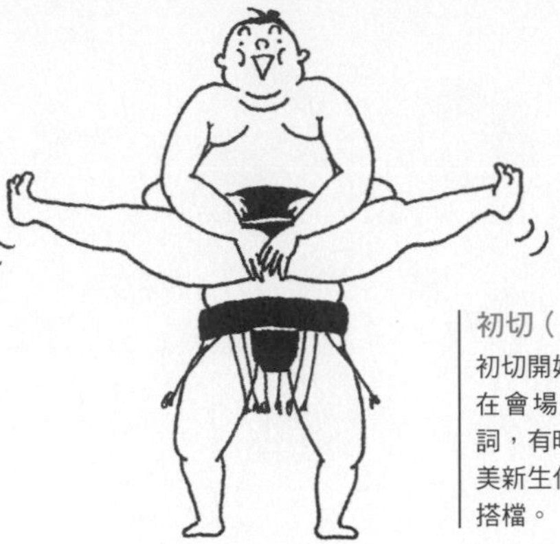

初切（初っ切り）

初切開始之前，力士會躲在會場的角落偷偷對台詞，有時也會出現表現媲美新生代搞笑藝人的力士搭檔。

還會使出職業摔角的招式，這些連搞笑藝人看了都會甘拜下風的演出，讓場內的笑聲不斷。初切不但要表演危險動作，也非常消耗體力。而演出內容由負責表演的力士自由發揮，腳本完全原創。行司則多由幕下階級擔任。據說表演初切最重要的一點，就在於帶動場內觀眾的情緒。

附帶一提，所謂的禁手指的是犯規行為，使用禁手可能會被判落敗，或是迫使比賽中斷、被裁判警告。禁手具體來說共有8項，分別是①以拳頭毆打對方、②拉扯對方的頭髮、③攻擊眼睛或胸口等要害、④雙手同時拉住對方的耳朵、⑤抓住前褌（前腰帶）或從側邊伸手拉扯、⑥掐喉嚨、⑦用腳踢對方的胸部或腹部、⑧折對方的手指。

太鼓示範表演

呼出會在土俵上示範各種太鼓的打法，包含告知即將開場的「寄太鼓」、期待觀眾再度光臨的「跳太鼓」以及宣傳本場所將

太鼓示範表演

搭配行司透過場內廣播進行的解說，呼出會示範不同的太鼓打法。

示範繫綱繩
當5～6位力士一起拉扯重達8公斤的綱繩，就算是橫綱也會重心不穩。為了讓橫綱穩住身體，其中一人會站在前面撐住他。

於隔日開幕的「觸太鼓」（P114）。只要一次全部聽過，就能掌握彼此的差異。

示範綁大銀杏

請到當紅力士擔任模特兒，由床山俐落地活用梳子，示範如何綁大銀杏。有別於平時只穿T恤的打扮，這時床山會穿上職人風格的作務衣，成為眾人注目的焦點。當然，為力士綁大銀杏的畫面平常只會出現在力士休息室，一般人是看不到的。

幕下力士示範為橫綱繫綱繩

由5～6位付人合力示範如何綁出橫綱登土俵時圍在身上的綱繩，並說明橫綱的由來及雲龍型和不知火型（P77）的差異。雖然綱繩會依力士的體格調整，不過一般重約8公斤，長度亦有4～5公尺。

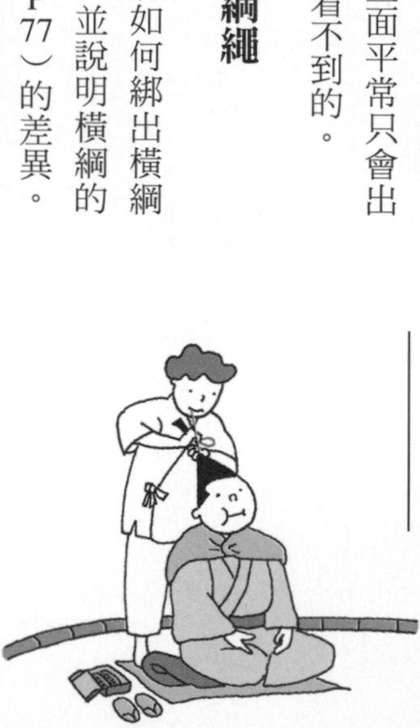

示範綁大銀杏
除了可以一窺休息室裡的氣氛，能看到當紅力士放下髮髻後的樣子，也是該節目的小小樂趣之一。

column
專欄

巡業的魅力在於縮短與力士、幕後人員間的距離

會場各處都能看見力士和幕後人員四處走動的身影

巡業從早上8點開始，下午3點散場。在這段期間如果試著到會場內外四處逛逛，就有機會見到一些巡業特有的光景。

早上開場時，呼出會在室外表演寄太鼓。本場所的寄太鼓是在櫓上演出，但巡業一般只會在地面鋪上蓆子就直接上陣，因此觀眾可以站在呼出身旁，好好欣賞充滿魄力的鼓聲。而巡業中也會出現和當紅力士拍照的機會，不過，請不要出聲打擾即將上場比賽的力士。此外，在走廊等有點小空間的地方，有時也會撞見行司在寫相撲字的樣子。就算看過相撲字，但行司正在寫字的畫面可不是隨便就看得到的。

參加巡業不但可以就近看到平時只能從遠方眺望的力士與幕後人員，還可以直接和他們交流。這些正是巡業的魅力所在。

column
專欄

巡業今昔物語

從前巡業是以部屋或一門為單位乘著巡業列車慢慢巡遊各地，行程則由行司負責安排

　沒有本場所的偶數月會舉辦地方巡業，而巡業的歷史可追溯到江戶時代。在一九五八年改由日本相撲協會全權管理之前，巡業是以一個部屋或一門為單位進行的。當時將一起巡業的團體稱為「組合」，如出羽海一門舉辦的巡業就稱為「出羽海組合」。據說當時大約有4個組合，他們會分散至全國各地，途中於大阪會合，舉辦大型的表演活動，結束之後又再度各奔東西。雖然一門的基礎大多建立在親子或師徒關係上，其實過去也曾經有從巡業組合發展成一門的例子。

　現在的巡業一般是以巴士為交通工具，不過從前是由當時的日本國鐵安排巡業列車，安插在一般列車班次的空檔緩慢前進。或許是因為列車車廂採用座敷風格的內裝，據說力士搭車時會在裡面打麻將。

　此外，與現在不同的是，當時的相撲活動是在戶外舉行，因此下雨順延是常有的事，連續好幾天動彈不得的情況也是司空見慣。過去的力士不住在旅館，而是借住在主辦方等人的家，巡業時間拉長也會導致伙食費增加，造成主辦方的沉重負擔。

　雖然現在交通工具改成巴士，住宿地點變成旅館，活動場地也改到室內，但唯一不變的一點，在於無論是哪個時代，都是由行司扮演類似導遊的角色。如何規畫出不浪費時間的行程表和交通安排，全靠行司的功力。

＊此為情境圖。

第5章 一窺力士的日常生活

讓我們用追星族的角度，一窺這些往相撲道邁進的力士平時過著什麼樣的生活吧！從訓練時間表開始，收入、福利、俗稱「Chanko」的力士飲食，一直到他們的戀愛、結婚。越是深入了解，相撲也會變得更加有趣。

每天的訓練

力士起得很～早，他們在天還沒亮的時候就已經起床、加緊鍛鍊。沒有人能一夕之間變強，必須經過持續的訓練，才有辦法提升番付。

從基礎運動開始，接著是三番稽古、申合稽古與衝撞稽古

力士的一天從訓練開始。由番付下位的力士先開始訓練，因此年輕力士必須在早上5點～6點起床，盥洗完就得至訓練場報到。

首先從滑步、劈腿、四股、鐵砲等基礎運動做起，只要動作確實，沒多久就會冒出一顆顆斗大的汗珠。接著才是土俵上的練習。「三番稽古」是讓力氣差不多的力士進行連續對戰；「申合稽古」是淘汰賽；「衝撞稽古」則是由負責衝撞的一方將負責承受的一方推到土俵的另一端，最後再以突落（P92）推倒對方。

到了早上8點左右，關取會進到訓練場。當關取在土俵上進行訓練的時候，下位力士會準備好毛巾和飲料，在土俵外圍待命。迅速將需要的東西交給對方，也是一種揣摩他人想法的訓練。過了上午10點，訓練便告一段落。

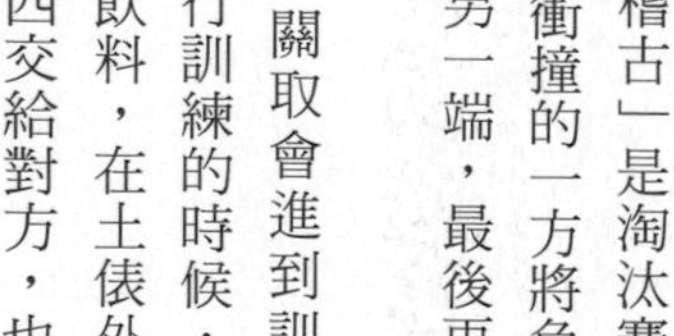

劈腿（股割り）

「劈腿」有助於強化下半身。以站姿打開雙腳，慢慢放低身體直到屁股碰地，接著維持雙腳呈 180 度的姿勢將上半身往前倒，讓胸部（臉）貼地。前輩會壓在做不到的力士身上，對筋骨僵硬的人來說簡直是地獄般的酷刑。

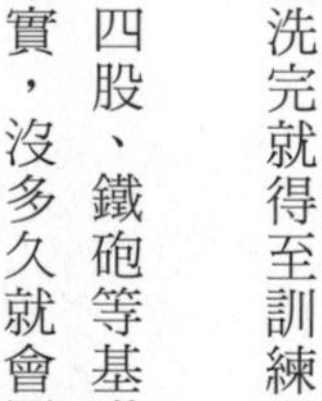

鐵砲

「鐵砲」是對著鐵砲柱施展突張（P86）的訓練方式。收緊腋下，伸出右手的同時一併帶動右側腰部和右腳往前推，左右輪流重複多次。火力強大的力士有時還會打壞柱子。地方場所的轉播常會拍到花道後方有以紅字寫著「嚴禁鐵砲」的告示。

訓練場

相撲部屋裡一定會有訓練場，場中央為土俵，鐵砲柱則佇立於一角。

訓練場的土俵分成兩種，一種和本場所一樣，是埋入俵的形式，另一種不埋俵，只在土俵的位置挖一條淺溝，稱為「皿土俵」。各部屋使用的類型不同。每天激烈的訓練會對土俵造成損傷，因此呼出及部屋的力士一年會幫訓練場裡的土俵進行3次左右的「土俵築」(P112)。

土俵是神聖的地方，大部分的訓練場都會設置神棚。

土俵正面設有高起的座位，親方會坐在這裡觀看訓練情況，有時也會鼓勵場上的力士。

三番稽古

由實力相當的力士連續進行好幾場對戰的練習稱為「三番稽古」，「三番」代表「數量很多」的意思。練習會一直持續到雙方滿意為止，所以有時甚至會多達二十番或三十番，這種訓練方式很適合用來磨練實力。

衝撞稽古（ぶつかり稽古）

由實力較高的力士擔任承受衝擊的一方。撞在一起的時候如果不能壓制衝撞方，就會被頂住頭部往後滑，最後遭摔倒在地。練習過程非常激烈，被視為最辛苦的訓練項目。承受方與衝撞方一樣吃力，如果衝擊力道太猛，有時甚至會弄斷肋骨。

力士參加出稽古的基本裝扮為腰帶＋泥著＋赤腳。泥著指的是穿舊了的浴衣，因為穿在身上時無須介意汗水或塵土，故得其名。

有的部屋也會開放參觀訓練，若想一睹自己支持的力士的訓練情況，可以詢問所屬的相撲部屋。對外開放的部屋有時也會因為放假或參加出稽古而暫停訓練，行前務必做好確認。要是運氣好獲得參觀許可，要注意部屋裡禁止聊天、飲食，手機也必須關機。有的部屋會禁止攝影，這部分在去之前請先做好功課。

可以和各種類型的力士訓練切磋的「出稽古」

前往其他部屋進行訓練稱為「出稽古」。有些力士會到其他部屋去，研究自己不擅於應付的對手，力士人數較少的部屋也會到外面尋求不同類型的練習對象。基本上，只要得到雙方親方的許可，想去哪個部屋都沒問題。

比較近的地方就走路或騎腳踏車，遠一點的話，親方也會親自開車接送年輕力士們。參加出稽古時，身上圍著腰帶、外頭再罩一件泥著（浴衣）、腳底打赤腳是力士應有的打扮。不過騎腳踏車時基於安全上的考量，就沒有規定要打赤腳。

另外，沒有出外巡業的時候，部屋也會到外地進行合宿訓練。通常他們會以部屋裡多數力士的故鄉、或是在當地有支持者等等作為選擇地點的基準。當地民眾可自由參觀晨練，部屋也會準備相撲火鍋之類的來招待他們，讓整個地區共襄盛舉。

合宿訓練大多使用位於寺廟、神社等的戶外土俵，民眾可以在開放的氣氛下，就近觀賞力士們魄力十足的訓練情況。合宿期間的活動也琳琅滿目，例如招待部屋的相撲火鍋或舉辦兒童相撲體驗，冬天還會有搗年糕等活動。

收入與福利

「想讓父母過更好的生活」——這是從古到今都不曾改變的入門動機之一。只要變強，收入也會隨之增加。在相撲世界裡，一切全憑實力。

當上關取才能夠領薪水的殘酷世界

力士的基本收入來源有「薪水」和「褒賞金」。「薪水」是「基本薪資」加上「津貼」，新聞報導雖曾以「成為橫綱的話可以月入〇〇」等標題列出具體數字，但相撲協會並未公開力士的薪水，所以無從得知實際金額。當然，地位越高薪水就越多。

「褒賞金」又名「給金」（持給金），將不同位階的最低支給標準額乘以四千，就是能拿到的金額。而支給標準額會因為「領先」（P106）、「金星」（P79）和「幕內優勝」等額外要素增加。

此外，在本場所獲得優勝或三賞（P99）也會獲得獎金。在有提供懸賞的比賽拿下勝利的話，也可以領到懸賞金（P95）。

不過，領得到「薪水」和「褒賞金」的只有十兩以上的力士。幕下以下的力士只有各場所的「津貼」以及按獲勝場數計算的「獎勵金」。

幕下以下的力士基本上都在部屋裡共同生活，因此幾乎不需支付房租、電費和伙食費。年輕力士的津貼由師母負責管理，有些部屋會在必要時將其作為零用錢發給力士。

除了力士與協會成員之外，一般民眾也可以到國技館地下室的相撲診療所就診。主治項目為內科、外科及整形外科。

全體投保「健保」與「厚生年金」！大相撲是良心企業

雖然一般認為大相撲是個與眾不同的世界，不過相撲業界的福利卻比一般企業來得完善。

力士不論番付，全體一律加入健康保險及厚生年金（國民年金），當他們生病或受傷的時候，可以到國技館裡的「相撲診療所」免費就診。而行司、呼出與床山等幕後人員也享有相同的福利。

除此之外，番付曾經到達十兩以上的力士，退休時可以領到「養老金」和「勤續加算金」。「養老金」的金額會根據橫綱、大關、三役、幕內或十兩等位階而有所不同，而「勤續加算金」制度則是力士在該位階的出場次數達到一定標準時，可以獲得相應的金額。此外，橫綱和大關在引退的時候還會獲得「特別功勞金」。

力士的納稅問題非常複雜，故日本國稅廳的網站上，有一則名為「有關針對力士等之課稅」的說明。十兩以上力士的薪資所得和一般的上班族一樣會被扣繳，但懸賞金或廣告、電視節目的通告費則被歸入「事業所得」，可視情況自行申報。

力士禁止打工或從事任何副業。雖說幕下以下的力士沒有薪水，還是不准用自由時間到外面打工。說到底，如果全力投入訓練的話，應該也沒有多餘的精神和力氣去打工才對……

力士的收入

薪水

十兩以上的力士採月薪制，可以領到「基本薪資」＋「津貼」。月薪制從 1957 年 5 月開始實施，力士自此得以獲得安定的生活。

獎金、懸賞金

各階級的優勝獎金如下： 幕內 1000 萬、十兩 200 萬、幕下 50 萬、三段目 30 萬、序二段 20 萬、序之口 10 萬。三賞分別會得到 200 萬； 而每份懸賞金中，力士實拿 3 萬（以上單位皆為日圓）。

褒賞金

支給標準額是以最低支給標準額為基礎，根據本場所的成績進行累加，最後乘以 4000 就是每次場所可以領到的金額。幕下以下的褒賞金雖然會按成績累計，卻要等到晉升十兩以上才拿得到。奪得金星（P79）的力士，支給標準額可增加 10 日圓。

引退後

養老金

晉升到十兩以上的力士在引退時可以獲得養老金。各位階能領到的金額不同。

勤續加算金

晉升至十兩以上且參加場所次數符合該位階規定者，可領勤續加算金。

特別功勞金

橫綱和大關在引退時會拿到特別功勞金。

年金

所有力士都有加入厚生年金保險，老了也不用擔心。

力士的飲食

吃飯也是力士的工作之一。肌肉和適度的脂肪讓力士特有的巨大身軀就像包覆著盔甲一般，要練就這樣的體格，靠的是每天的相撲餐。

相撲餐一天兩餐，依番付順序開動

相撲部屋基本上是一天兩餐，力士在晨練之前不會進食，要到10點訓練結束後，等洗完澡、梳好髮髻才會用餐。

吃飯的先後順序當然也是按照番付。首先從親方和關取開始用餐，這段時間年輕力士得隨侍在後，等到關取吃飽之後，才總算輪到他們開動。從前到了這個時候，餐桌上經常已是空空如也，不過現在每個人都可以確實飽餐一頓。

說到力士的飲食，大部分的人應該都會想到「相撲火鍋」（ちゃんこ鍋）吧？不過所謂的相撲餐，也就是「ちゃんこ」（Chanko）這個詞其實泛指所有力士烹煮或攝取的食物。餐桌上除了火鍋，還有沙拉、生魚片、炸物、燉菜，有時也會出現咖哩或義大利麵，這些全都算是「Chanko」。

相撲火鍋的基本在於「雞骨鍋」

雞骨鍋（ソップ炊き）是以雞架骨熬高湯製成的火鍋。「ソップ」（soep）這個字源自於荷蘭文的「湯」。以「瘦骨型」（ソップ型）稱呼精瘦型的力士也是由此衍生出的說法。
兩隻腳的雞因為「手不著地」而被視為幸運物，很多部屋會在本場所開始的前一天和中日煮雞骨鍋來吃。

力士的餐具比一般人用的還大。他們以碗公添飯、用啤酒杯喝茶！

用餐時間接在揮汗如雨的訓練之後，因此相撲火鍋會刻意做成重口味，這樣正好下飯。相撲火鍋的調味方式五花八門，基本的有醬油、鹽或味噌等等，也有人做成番茄或奶油培根風味。

えびすこを決める
（EBISUKO WO KIMERU）

「吃到撐」在相撲用語裡稱為「えびすこを決める」，而單看「えびすこ」這個字是大胃王的意思。這個說法是源自於過去在祭祀惠比壽神的「惠比壽講」上有吃得很多的習俗。

Chanko 場比起家用廚房更像是餐廳內場！Chanko 番會以不輸專業廚師的手藝做菜，營業用的電鍋一次要煮多達 5 升（約 7.5kg）的米。他們在做油炸料理時身上只圍著一條腰帶，奇怪的是似乎並不覺得熱。有些擔任 Chanko 長的力士在引退後會改開相撲火鍋店。

採輪班制的「Chanko 番」，由擅長做菜的資深力士擔任「Chanko 長」

部屋裡負責煮飯的力士稱為「Chanko 番」，由數名幕下以下的力士組成一組，採輪班制。當班的力士會提早結束晨練，進行午餐的準備工作。有些部屋會指派值班經驗豐富的力士作為「Chanko 長」。至於負責決定菜單的可能是 Chanko 長、師母或經紀人，依各部屋的情況而異。

相撲部屋的廚房稱為「Chanko 場」。因為一次要準備大量的餐點，廚房用具也都是超大尺寸！煮飯時用的是感覺會在學生餐廳出現的大飯鍋，有些部屋還會購置營業用的冰箱或油炸鍋。

外出採買也是 Chanko 番的工作，但也經常會有支持者送來食材。因為部屋的伙食費非常可觀，這些支持對他們來說是相當可貴的。力士吃著來自全國各地的美食，把身體養壯養胖。

位於日本各地的支持者會送來大量食材，為力士打造強健的體魄。用來儲藏的冰箱當然也是營業用規格。30kg 裝的米袋堆放在部屋一隅，畫面看起來簡直與米倉無異。

資深力士因為體格已經塑造完成，食量不會很大，但食欲旺盛的年輕力士卻經常處於飢餓狀態。他們會在晚餐過後與部屋的其他力士結伴外出覓食，這時會以 CP 值為重，到迴轉壽司或家庭餐廳用餐。

因為身上都是肌肉，吃得再多肚子還是會餓

Chanko 番大概會從下午 4 點開始準備晚餐，6 點左右開飯。有些部屋晚上不煮火鍋，偶爾也會允許力士自由外出用餐。這時大家會各自選擇想吃的東西，有的人是吃遍一家又一家的拉麵店，也有人是到性價比高的家庭餐廳飽餐一頓。

雖然力士經常被認為很肥胖，但他們的體脂肪率其實平均只有 30％左右。因為身上都是肌肉的關係，就算已經吃了很多，要不了多少時間他們又會開始覺得肚子餓，這時他們會吃些三明治、飯糰或零食等作為點心果腹。

對力士來說，吃飯也是訓練的一環。話雖如此，如果只是一味地暴飲暴食或營養不均，可是會讓自己生病的。由於攸關力士生涯，在與身體達成協議的同時，維持均衡飲食是非常重要的。

剛入門的外籍力士首先會與日本料理陷入苦戰。令人意外的是，他們似乎覺得白米飯「沒有味道」（！），所以不太想吃。但如果想養成巨大的身軀，就一定要好好吃米飯。據說某位外籍力士吃飯時會在飯上淋滿番茄醬或美乃滋。

自由時間的運用方式

雖說是自由時間，但幕下以下的力士必須和大家一起共同生活，實在不怎麼自由。正因為過得如此辛苦，才能激起往上爬的決心。

飯後一定要午睡，晚上的時間完全自由

中午吃完相撲餐填飽肚子之後，到傍晚為止都是午睡及休息時間。飯後馬上休息可以促使體內囤積脂肪、讓身體長大，因此睡覺也是力士重要的工作之一。

這段時間也會用來洗衣服，年輕力士要連關取的衣服一起洗。傍晚之後則是部屋的打掃時間，年輕力士每天會分工打掃訓練場及玄關等處。

晚餐後到就寢之前都是自由時間。這段時間可以玩遊戲、看電視或看漫畫等，從事讓自己放鬆的娛樂活動，也可以用來進行特訓。有些力士還會成群結黨地上街，吃點消夜或點心。

有的力士在以成為關取為目標的同時，也為了取得高中學歷而勤奮向學。他們要交報告，還要去上課，一人身兼二職，努力做到兩全其美。

不是每個力士都能出人頭地。針對考慮到將來、希望取得高中學歷者，相撲協會與函授制的高中合作，提供能讓力士邊受訓邊念書的課程計畫。

住在大房間裡，每天的生活都像在參加合宿一樣。雖然這麼多人一起吵吵鬧鬧也很開心，但還是沒什麼自由。想要自由就只有變強成為關取一途！目標是從大房間畢業♪

能獲得個人房的只有十兩以上的關取。而且只要有一次場所被降為幕下，就必須回到大房間生活。

想要一個人住或結了婚的關取，可以獲准離開部屋。但因為每天早上8點左右必須到部屋進行訓練，沒辦法住太遠。

大房間的生活處處受限，當上關取展開盼望的個人房生活

幕下以下的力士得在大房間裡一起生活，他們會分配到一套棉被，私人物品則放在收納櫃裡。

番付晉升到十兩之後，會被分配到部屋內的個人房。根據某位力士的說法，從大房間搬到個人房是成為關取後最讓人開心的一件事。每個部屋的個人房大小不同，平均大約是4～5坪左右。雖然很高興能擁有自己的城堡，卻也有很多關取覺得自己待著太寂寞，反而不時跑去大房間找其他人玩。即便如此，就算當上十兩，一旦降級到幕下就得重回大房間的生活……真的非常嚴格！

想要一個人住的話，首先要得到親方的許可。成績穩定維持在關取或結了婚的力士會離開部屋，不過因為每天早上還是要到部屋進行訓練，大多會選擇住在附近。

有些離開部屋生活的關取會培養繪畫、陶藝或讀書的興趣，這麼做有助於提高注意力或增加自身修養。

有的力士會在自由時間到附近的健身房鍛鍊。最近也有部屋導入了高性能的器材。想找個私人教練塑造體格的話也只能利用自由時間。

力士的穿搭

力士擁有超乎規格的體型。他們平常穿的衣服有多大件？又該去哪裡買呢？

在部屋可以穿T恤加短褲，尺寸有4L、5L、6L！

在P22已經介紹過力士進入本場所會場時的打扮。接下來，我們要深入了解他們平時的穿著。

他們待在部屋裡的時候穿得很休閒，如T恤、短褲或運動服。這樣的穿著和一般人的居家服沒什麼不同，但尺寸果然還是有差的。要套進力士這般經過千錘百鍊的身體，尺寸從4L、5L、6L……最大到8L！盡是驚為天人的數字。

最近有些講求快速時尚的服飾店也開始販賣5L或6L的衣服，不過礙於款式有限，力士常逛的還是以提供大尺碼服飾為主的男裝店。

此外，在七月場所期間，位於近郊的大尺碼專賣店會走訪各個相撲部屋，直接登門販售。

力士的浴衣裡面穿著什麼呢？答案是有扣子的短袖上衣＋七分褲。店家會以「力士專用貼身衣物」來販售這個組合。最受歡迎的是白色或水藍色，不過也有力士喜歡紅色或黃色等充滿個性的顏色。

力士一般都很怕熱，就算在冬天也穿得很少。

名古屋的七月場所固定會有大尺碼服飾店登門販售。店家提供多種款式、尺寸任君挑選，許多力士會在這時買齊夏裝。

戴眼鏡的力士意外地多，講究穿搭的力士連眼鏡都很時髦。而訓練或比賽時當然得脫下眼鏡，就有一些粉絲特別喜歡這種戴與沒戴之間的落差。

想用心儀的布料訂製浴衣得先當上關取

T恤或短褲在部屋裡穿穿是可以，但不能穿出門。由於力士身兼守護日本傳統文化的角色，因此他們外出時必須穿著浴衣或和服。

關取可以到常去的和服店挑選自己喜歡的布料，或是用平時有往來的關取所贈送的布料訂做浴衣。因為每年都會訂製好幾件，他們擁有的浴衣數量相當可觀。穿舊了的浴衣就拿來當作「泥著」（P130），偶爾也會把還很新的浴衣送給後進。年輕力士基本上都是穿別人送的浴衣。

另外，每間相撲部屋都會訂做印有部屋名稱的獨家設計布料，年輕力士會一起穿上以該布料製成的浴衣，這件制服稱為「仕著」（お仕着せ）。幕內以上的力士也會收到支持者或有來往的部屋贈送的布料。

體型龐大的力士在訂製浴衣時需使用較寬的布料或好幾匹一般尺寸的布料。他們偏好會帶來好運的花紋，例如又名「勝蟲」的蜻蜓。

力士的外出活動

很多力士喜歡利用放假或自由時間，外出觀賞體育比賽或演唱會。不論是作為一個力士或作為社會人士，增廣見聞都是非常重要的。

棒球、摔角、演唱會……享受各自喜愛的娛樂活動

一年6次的本場所結束之後，力士會得到一個禮拜的「場所假」。在休假期間不用訓練，對結束15天激烈賽事的力士來說，這是短暫的休息時間。而每天訓練之餘也需要喘口氣，他們會利用自由時間等機會，到各式各樣的地方走走。

觀賞棒球或足球等運動賽事在力士之間也很流行，可能是一直以來支持的球隊，或是來自同鄉、同校的選手所屬的隊伍等等。有時也會和幕後人員一起外出。

另外也有很多力士會觀賞職業摔角比賽。早在力道山※以前就有許多從相撲轉戰職業摔角的例子，兩個領域之間似乎很有交流。而有的力士則會選擇去聽喜歡的歌手辦的演唱會。

因為力士沒辦法任意休假，遇到想參加的活動剛好辦在自己休假那天時，簡直就像是奇蹟降臨。

早在力道山之前，就有許多轉戰職業摔角的前相撲力士。同樣是格鬥技，力士在觀賽時也會情緒高漲。

※ 力道山：活躍於1950年代的日本職業摔角選手，進入摔角界之前是相撲力士，番付最高曾到達關脇。

很多力士會帶著加油棒等道具，到體育館為自己支持的隊伍加油。這時他們可以喘口氣，將平日的訓練拋諸腦後。

一聲令下便赴湯蹈火，關取與付人之間的關係

力士也會和支持者一起在外面吃飯。力士因為從很年輕的時候開始生活圈就侷限於相撲界，視野容易便得狹小。不過，藉由與支持者、已經離開部屋的前輩或學生時代的同學這些一般人交流，不但可以拓展人際關係，還能思考關於引退後的工作或從中獲得生活態度的啟發。

至於擔任付人的年輕力士們，只要收到關取的指示，便會跟著行動。泡三溫暖或SPA的時候，他們會一起進去幫關取刷洗身體，有的甚至還會指定每個付人負責身體的哪個部位。付人也會跟著關取去吃飯、購物，這時關取會請客，或是買給他們想要的東西。當然也有關取因為喜歡單獨行動或是顧慮家人，私人時間就不會讓付人跟在身邊。

就算不是所謂的「谷町」（P41），力士也時常和支持者一起吃飯。和一般人進行交流也有助於增加社會歷練。

搭計程車的時候通常是3個人坐在後座，雖然有點擠，但不至於坐不下。聽說曾經發生力士在路邊攔車，司機卻拒絕載客的情況……

出門搭乘大眾交通工具，近一點的地方就騎腳踏車

現役力士有一項規定，那就是禁止自行駕車。因此他們主要的移動方式是腳踏車、計程車或電車、公車等大眾交通工具。

經過相撲部屋前面時，可以看到腳踏車一字排開的壯觀景象。令人意外的是，力士騎的腳踏車只是普通的淑女車，而不是特別訂製的車型。也因為體重的關係，腳踏車座墊和輪胎時常耗損。近來由於電動腳踏車比較堅固、不易損壞，開始有越來越多力士改騎電動腳踏車。

此外，力士在出國前須向相撲協會提出申請，這個規定同樣適用在要暫時歸國的外籍力士身上。有些部屋會在場所休假期間安排國外旅遊，為了不對機身造成影響，必須考慮到力士的體重再安排機位。

力士的愛車是淑女車！因為不是訂製款也沒有特殊加工，常常被他們的體重壓壞。其中輪胎輻條與坐墊的彈簧最常斷掉。

力士的戀情

力士的戀愛、結婚是女性粉絲的關注焦點。新人是在哪裡認識？又是如何步入禮堂的呢？

餐會、支持者的介紹……相遇的契機每個人都不同

當關取訂婚或結婚時，會引起報紙或電視報導。如果是當紅力士，就算佔掉體育報紙的整面篇幅也不足為奇。

「在外面吃飯時剛好坐在附近」、「學生時代的同學」等等，認識的契機因人而異，但最經典的情況還是關取與部屋親方的女兒結婚。這樣關取不但可以成為部屋的繼承人，親方也能將部屋傳承下去，對雙方都有好處。因此，相撲界從以前就有「擁有部屋的親方如果生了女兒就要煮紅豆飯慶祝」的說法。當然，大前提是關取和親方的女兒兩人要情投意合才行。

也有很多人是透過支持者的介紹才認識的。「因為某人的介紹」這種例子對一般人來說也很常見，倒非相撲界特有的情形。

全是男人的相撲界缺少邂逅對象的機會。認識的契機因人而異，有的是在朋友介紹的飯局上，也有人對在所屬部屋附近遛狗的女性一見鍾情。

約會是可以好好放鬆的時候。不過身軀龐大的力士偶爾會遇到坐不進電影院的座椅，或是遊樂設施的安全桿放不下來的窘況。

不管做什麼都很醒目，要低調約會真的好難

雙方開始交往後，和一般情侶不同的地方就是約會了。就算是平常出門，力士的基本穿著就是髮髻搭和服，頭上的髮油還會飄出香味……因為力士無論到哪裡都很顯眼，想要低調約會相當困難。當然他們也可以選擇光明正大地約會，但如果換成是當紅力士，又會因為成為媒體追逐的焦點而不得不放棄，最後自然而然演變成常在家約會的模式。

出門約會的時候也很辛苦。比如約會必去的電影院，有些體型龐大的力士（一六〇公斤以上）會坐不進座位，看個電影得要向櫃檯借摺疊椅。同樣地，就算想搭遊樂園裡刺激的遊樂設施，也會因為安全桿卡到肚子，最後只能放棄。

當紅力士一旦敲定婚事，大多會舉行結婚記者會。近年流行在會後以公主抱的姿勢抱著未婚妻拍照。順帶補充一點，相撲界將美女稱為「金星」。

婚禮對力士而言和斷髮式一樣重要，大多會在最頂級的飯店裡辦得鋪張盛大，因此不適合想要一切從簡的女性。力士的婚禮通常會挑在沒有巡業等活動的二月或六月舉辦。

即使兩情相悅，沒有親方的允許就無法結婚

如果交往順利，兩人決定成為彼此的終身伴侶，在相撲的世界裡卻不是只要雙方情投意合就能結婚。想結婚必須先獲得親方的許可，幕下以下的力士因為沒有穩定的收入，首先不可能贊成。但如果取得關取地位並維持穩定的成績，親方也會給予祝福。

婚事敲定之後會舉辦盛大的婚禮，這是支持者、相撲協會理事以及五、六百名力士齊聚一堂的大活動。

力士的妻子將來可能成為相撲部屋的「師母」，她們的工作是培養來自全國各地的年輕人，讓他們早日獨當一面，其中的辛勞無以估計。或許，她們不能僅是因為「喜歡」這個理由就與力士結婚，還必須抱持覺悟，成為傳承相撲這項傳統文化的其中一員。

如果丈夫是擁有部屋的親方，太太就會展開她的「師母人生」。師母的工作十分繁雜，例如代替母親照顧年輕的弟子、管理部屋的帳目、與支持者交流或和媒體打交道等等。

〜特別訪談〜

芝田山部屋幕後人員大集合！

我們請到活躍於第一線的大相撲幕後人員進行訪談，向他們請教平時沒機會聽到的、來自現場的意見。

右起分別是行司的木村吉二郎先生、床山的床門先生、呼出的克之先生和啟輔先生。

後人員齊聚一堂
是難能可貴的機會

——感謝大家今天抽空參與訪談。請問你們平常會一起出去吃飯嗎？

克之（以下略作「克」）「我跟阿守（床門）、阿吉（吉二郎）各差7歲，阿吉和啟輔又差了5歲。老實說，我們感情不太好（笑）。」

啟輔（以下略作「啟」）「我們很少像這樣一起吃飯。全員到齊的情況相當少見，只有在過年或千秋樂之類的重要節目才會湊在一起。」

床門（以下略作「門」）「參加地方場所的時候，有時會一起住在宿舍，在宿舍裡每天都會碰面，不過在其他地方就不會了。」

吉二郎（以下略作「吉」）「因為我們幾個現在都不住在部屋了。彼此的工作都很忙，就算在東京也很少四個人聚在一起。」

——哇！那麼今天真的是很難得的機會耶！行司和呼出在電視轉播的時候都會上鏡頭，可是床山卻不會呢。請問今天是第一次……？

門「我是第一次像這樣接受採訪。不過，琴獎菊大關奪冠的時候（二〇一六年一月場所），有被拍到頒獎典禮前，我在力士休息室幫他重綁大銀杏的畫面。當時的迴響還蠻大的（笑）。」

克之・三役呼出

1964 年生於大阪府。1979 年初土俵。國一時觀賞在當地舉辦的三月場所後深受感動，後來入門到家附近的花籠部屋。起初基於「因為可以就近待在力士身邊」的理由而志願成為床山，但由於沒有空缺而改當呼出。是呼出界第一位穿上牛仔褲＆靴子的革命家。喜歡的音樂是巴薩諾瓦（Bossa Nova），各方面都很時髦。

如果可以換個職務的話，最受歡迎的是……？

——在座的各位都是相撲業界幕後不同領域的專家，假設可能的話，會想嘗試哪一項幕後工作呢？

床門・一等床山

1971 年生於神奈川縣。1986 年入門放駒部屋。一開始是夢想成為行司或呼出而投身於這個世界，卻因為沒有空缺才當上床山。他的談吐輕快、待人柔軟，對力士來說，他就像一位直爽親切的大哥。唱卡拉 OK 的必點歌曲是男鬪呼組的〈TIME ZONE〉。

克「我想當床山（秒答）。當初就是因為想當床山，才進到這個業界的。呼出已經當得有點膩了（笑）。行司的話感覺好難，還是算了。」

門「我只要是床山以外的職務都可以。當了30年的床山，一旦把工作內容都摸透了之後，就會想看看其他領域是什麼樣子。」

吉「如果說是行司以外的話，我想當床山。」

門「沒有休假喔～」

吉「我知道啊，可是床山最有職人的感覺嘛。工作上不能偷懶，又可以近距離感受到力士在休息室裡的那種緊張感。」

門「……（思考了一下）我不擅長面對群眾，所以還是當床山就好！床山還可以就近和其他部屋的關取交流。」

——請問在梳髮髻的時候，您會和力士們聊些什麼呢？

門「有時候就聽他們發發牢騷啊。雖然沒辦法給什麼意見，不過會對他們說聲『下次加油』，或是『改天一起吃個飯啊』之類的。不過大部分都很難成行啦。」

——啟輔先生呢？

啟「行司和床山我都會想試試看。不過因為最喜歡的還是呼出，所以還是當呼出就好了（乾脆）。」

——聽說啟輔先生在入門之前對相撲完全沒興趣。當年那位年少輕狂的啟輔是如何轉變成為如今說出「喜歡呼出的工作」的心境呢？有什麼機緣嗎？

啟「我的唱名和太鼓是跟克之前輩、利樹之丞前輩學習的。在他們教我應該應該講究哪些細節的時候，我就在不知不覺間喜歡上這份工作了。與其說是喜歡相撲，不如說是喜歡呼出比較貼切。不管是唱名、太鼓或土俵築，在向前輩請益的同時，也要做出自己的風格。希望觀眾能夠看到屬於我的風格。」

門「基本上就是不容妥協的性格吧。」

克「（驚）」

修習階段雖然辛苦，但只要跨過這一關，就會發現許多樂趣

——請問到目前為止覺得最辛苦的事情是什麼呢？

克「剛入門的時候很辛苦。」

啟「對啊，因為學長學弟制非常嚴格（一邊說一邊看向床門和吉二郎）。我們當時住在三人房，雖然現在關係不錯，不過那個時候真的很痛苦。」

門「我也很痛苦啊～有一次輪到我負責接電話，我們部屋（當時的放駒部屋）規定電話響一聲就一定要接起來，我卻不小心讓它響了四聲。接起來的時候，被師兄狠狠地罵了一頓。」

談到工作上的事，大家的表情都很嚴肅！

木村吉二郎．十兩行司

1977年生於東京都。1993年初土俵。因為前代放駒親方與父親熟識，意識到的時候，自己入門的事已成定局。行司界首屈一指的高個子（183cm），身材很好。他以溫和清亮的聲音進行場內廣播，讓人可以很放心地聆聽，獲得相撲迷的極好評。興趣是看職業摔角。

克「上上代的師父（花籠親方）只要有人讓電話響超過一聲，就會叫所有人集合。」

吉「雖然現在已經可以笑談這些往事了，但還是新弟子的時候真的好辛苦。面對前輩的時候也很緊張，會產生『在前輩來之前先做好這個』，或是『前輩喜歡這樣，所以我先這麼做好了』之類的想法，變得能夠察言觀色。往好的方面想，是有助於抓到訣竅。」

克「不過，相撲世界真的是一個好地方喔。」

啟「很開心啊。」

克「到覺得開心之前的路程很辛苦啊。」

——克之先生是從什麼時候開始樂在其中的呢？

克「昨天的……早上吧（笑）。開玩笑的。應該是剛升格為師兄、免於經常被前輩使喚的時候吧，大概是入行10年之後了。覺得進到這個業界真好、開始懷抱感恩的心則是最近的事。」

——原因是什麼呢？

克「大概是因為年齡吧？相撲業界的退休年齡是65歲，我離退休還有11年。11年其實一眨眼就過了。現在聚在這裡開開心心聊天的大家，也是進到這個世界才認識的。明明各自的出生地和年紀都不一樣。不論是幕後人員或力士，都是進到這個世界才能相遇啊。」

——大家就像家人一樣呢。

啟「我們之間相處的時間比家人還長，已經共事二、三十年了，今後也會一直共事下去。」

克「雖然呼出的後輩們也很重要，但最重要的還是同部屋的這三個人，因為有部屋的情誼在嘛。」

部屋的師父是人生的導師，比父母更重要

——克之先生、床門先生和吉二郎先生是從其他部屋轉到芝田山部屋的。請問這裡和之前待的部屋有什麼不一樣的地方嗎？

門「拜入芝田山親方門下之後，我覺得自己變得能夠好好向別人低頭了。他教導我即使面對不認識的人，不論長輩或晚輩，都要確實低頭說聲『（您）辛苦了』。之前我對不熟的人頂多點頭示意，這點和以前不一樣了。」

吉「之前待的部屋，凡事都以親方為中心。可是芝田山親方在客人來訪的時候也會介紹我們，告訴他們：『這是擔任行司的木村吉二郎。』看他這麼做，自然而然我們的身段也變得比較柔軟了。」

門「親方不是強迫我們，指示說『你給我這樣做！』而是看到他以身作則，我們這些弟子也就耳濡目染，變得注重禮貌。」

克「我和芝田山親方以前是同一個部屋，他早我一年入門，可說是一起長大的。我在他還是三段目的時候就認識他了，從年輕的時候開始，他就說自己要成為橫綱。當上大關後就拿到大關的冠軍，當上橫綱之後就拿到橫綱的冠軍。在他以大關身分贏得所有比賽、拿下優勝的那次，是我們部屋第一次出現冠軍力士，當時真的好開心。在附近學校的體育館舉行慶祝會時，我有試著拿過優勝旗，好重。那個重量讓我至今難以忘懷。」

——對啟輔先生來說，親方是一個怎麼樣的人呢？

啟「我從入門的時候開始直到最近，一～直被他罵（笑）。但當時我才15歲，什麼都不懂就進到這個

當床門在示範梳髮髻的時候，經常是由吉二郎負責廣播解說。

世界，他每天罵我，也是在教導我世間險惡，以及要活下去是多麼困難的一件事。對我來說，他的存在超越父母，甚至無法相比。」

——幕後人員與部屋的力士之間關係如何？

門「床山會一邊綁頭髮一邊跟他們聊天。像是『你今天又被親方罵了吧』之類的。」

吉「行司的話，因為就像是他們與相撲協會的聯繫窗口，所以大多是討論公事。」

克「我們年紀相差太多，他們應該也很難跟我搭話吧？見面時大概會說『最近好嗎？成績怎麼樣？贏了嗎？下次再加油喔』之類的。」

啟「我偶爾會跟能喝的力士一起去小酌幾杯。沒有酒我提不起勁。」

門「啟輔對力士們很好喔～他們都叫他『佛祖啟輔』。」

與部屋同樣強烈的「一門的羈絆」

——對同門的力士會有什麼特別的想法嗎？

門「我負責幫琴奨菊大關梳頭，看到他奪冠的時候真的非常開心，這是身為床山最大的幸福。因為就算當了很多年的床山，也不一定有機會能幫贏得幕內總冠軍的力士梳頭。很高興不同部屋的我能夠分享這項殊榮，真的很感恩大關有這樣的成績。」

克「連續幫力士梳大銀杏梳了15天，看到他優勝一定是很開心啊。」

吉「床山能以最近的距離感受到力士集中精神和緊張的狀態，一定很有感觸。」

克「因為是二所之關一門的力士拿到獎盃，大家都很高興。稀勢之里不是在大阪奪冠了嗎（二〇一七年三月場所）？那時大家也很激動。是從若乃花和貴乃花的時代以來，最令人興奮的一次。那時我負責拿

啟輔先生說，不論是作為一個呼出或一位師兄，他都從克之身上學到很多。

箭，不但渾身發抖，還起了雞皮疙瘩。」

——二所之關一門最近氣勢很旺呢。

克「二所之關一門至今出了很多受歡迎的力士，像是若乃花、輪島、貴之花還有魁傑。如今安高已當上大關，琴獎菊也只是因為成績的關係番付暫居下位，對我們來說，就跟有兩位大關一樣。」

門「現在幫他梳大銀杏的時候，我還是叫他『大關』。」

啟「我在給水區的時候，也是視他為大關。」

克「我在唱名時，也是用稱呼大關的方式唱名，不覺得他是小結或關脇。希望他能多贏幾場，再次回到上位。」

——感謝各位的分享。今天能一窺相撲世界的幕後祕辛，實在受益匪淺！（二〇一七年七月十三日第五天散場後，於名古屋市內。）

啟輔・幕下呼出

1983 年生於石川縣。1998 年初土俵。不用說也看得出來是一位帥氣的呼出。因為愛好相撲的父親認識芝田山親方，在部屋成立的同時入門。在那之前，他是一個對相撲毫無興趣的足球少年。乍看之下身材纖細，但透過土俵築等勞力活鍛練出來的肌肉卻十分驚人。喜歡的女演員是深田恭子。

索引

十六劃

十七劃

十八劃

十九劃

二十劃

二十一劃

二十二劃

二十四劃

其他

十三劃

十四劃

十五劃

十劃

十一劃

十二劃

寫給後記

芝田山康（第六十二代橫綱・大乃國）

相撲很有意思，作為一項體育運動的同時，也是數百年來人們反覆進行至今的傳統文化，而它的起源來自於祭神儀式。

世界各地都存在傳統的體育運動，然而與數百年前保持相同姿態、使用相同道具舉行的體育競技，我想應該只有相撲了吧。力士梳著如今在日本已經看不到的髮髻，站上使用過去傳承下來的道具與工法徒手製作的土俵，僅憑一副身軀進行戰鬥。繼承這項傳統的不只是力士，還有床山梳理髮髻的技術、行司和呼出的裝束與固定台詞。

希望各位不要只注意土俵上的勝負輸贏，務必試著了解這些在土俵周圍工作的人，是懷抱著怎樣的心情、用什麼方式成就並守護相撲。

相撲的觀眾席圍成一圈、以三百六十度包圍著土俵，這表示相撲的樂趣也是呈放射狀

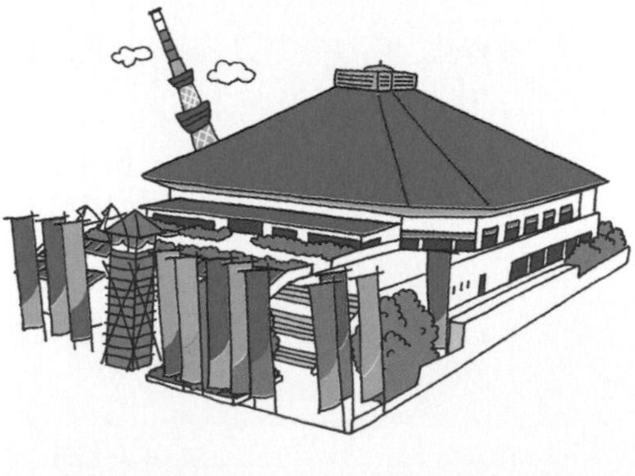

散布出去的。除了發掘自己喜歡的力士，女性觀眾也可以把焦點放在帥氣的行司、呼出或床山身上，這麼一來，看土俵的方式也會有所不同。喜歡美食的人，也能以相撲火鍋作為認識相撲的契機。而相撲也是一種祭神儀式，會舉行土俵祭或奉納登土俵等儀式活動，當中也有開放一般民眾參觀的節目，歡迎各位前來一探究竟。

在此邀請各位讀者到現場觀賞相撲看看。除了觀賞賽事以外，眺望插在通往會場道路上的旗幟、傾聽太鼓的鼓聲、在枡席上享用便當或烤雞肉串、購買印有力士四股名的周邊商品，或是出聲為走進會場的力士加油打氣等等，即便只是感受相撲的氣氛，也會覺得相當有趣。而最重要的是，當您坐在台下成為我們的觀眾，就等於是支持相撲這項傳統文化的一員。

浮世繪 57
圖解大相撲
裏まで楽しむ！大相撲 行司・呼出・床山のことまでよくわかる！

作者——DUGHOUSE
譯者——歐兆苓
執行長——陳蕙慧
總編輯——郭昕詠
行銷總監——李逸文
資深行銷
企劃主任——張元慧
編輯——陳柔君、徐昉驊
封面設計——霧室
封面排版——簡單瑛設

社長——郭重興
發行人兼
出版總監——曾大福
出版者——遠足文化事業股份有限公司
地址——231 新北市新店區民權路 108-2 號 9 樓
電話——(02)2218-1417
傳真——(02)2218-0727
E-mail——service@bookrep.com.tw
郵撥帳號——19504465
客服專線——0800-221-029
網址——http://www.bookrep.com.tw
Facebook——日本文化觀察局 https://www.facebook.com/saikounippon/
法律顧問——華洋法律事務所 蘇文生律師
印製——呈靖彩藝有限公司

初版一刷 2019 年 7 月
Printed in Taiwan

※如有缺頁、破損，請寄回更換
歡迎團體訂購，另有優惠，請洽業務部 02-22181417 分機 1124、1135

國家圖書館出版品預行編目 (CIP) 資料

圖解大相撲 / DUGHOUSE 編著；歐兆苓譯．── 初版．──
新北市：遠足文化，2019.07 面；公分
譯自：裏まで楽しむ！大相撲：行司・呼出・床山のことまでよくわかる！
ISBN 978-986-508-006-8(平裝)
1. 相撲

528.976 108005952

擔當編輯——岡本真一
插畫——熊貓手作業社
攝影——村尾香織
執筆協力——高橋裕子